U0754404

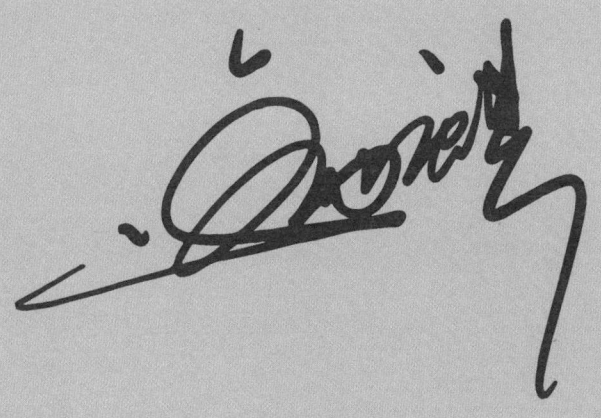

李海峰
金雨麒◎主编

引爆

用裂变做增长

台海出版社

图书在版编目（CIP）数据

卖爆：用裂变做增长 / 李海峰，金雨麒主编 .
北京：台海出版社，2025. 5. -- ISBN 978-7-5168
-4217-1

Ⅰ . F713.50

中国国家版本馆 CIP 数据核字第 2025EH4156 号

卖爆：用裂变做增长

主　　编：李海峰　　金雨麒

责任编辑：魏　敏　　　　　　　封面设计：陈泽仁（虾仁）

出版发行：台海出版社
地　　址：北京市东城区景山东街 20 号　　邮政编码：100009
电　　话：010-64041652（发行，邮购）
传　　真：010-84045799（总编室）
网　　址：www.taimeng.org.cn/thcbs/default.htm
E - m a i l：thcbs@126.com

经　　销：全国各地新华书店
印　　刷：三河市嘉科万达彩色印刷有限公司
本书如有破损、缺页、装订错误，请与本社联系调换

开　　本：880 毫米 × 1230 毫米　　　　1/32
字　　数：247 千字　　　　　　　　印　　张：10
版　　次：2025 年 5 月第 1 版　　　　印　　次：2025 年 6 月第 1 次印刷
书　　号：ISBN 978-7-5168-4217-1

定　　价：88.00 元

逆光而行，顺势卖爆

我是金雨麒，一个裂变发售操盘手。

毕业 10 年，我从一个月薪 3000 元的上海小会计，蜕变成顶流 IP、百亿企业的裂变发售操盘手。

这些年：

- 我曾靠一篇公众号图文，爆卖产品超 10000 单。

- 新媒体内容创业第一年，年流水超 1000 万元。

- 传统实体 + 线上操盘，累计业绩超过 9 位数。

- 带领 300 人，仅用 10 天，裂变超 27000 人。

- 春节期间，仅用 7 天时间，依靠私域，从 3000 人裂变到超 20000 人……

我的师父智多星、私域发售黑马肖厂长、20年资深出版人刘sir、操盘界"薇娅"格掌门、畅销书作家李菁、世界记忆大师卢菲菲、自媒体事件营销创始人张一凡等，都是与我合作裂变的各领域头部。

无一例外，他们对我都有一个共同的评价：一个用生命陪伴、滋养用户的商业清流。然而，我人生的前半场，却总是处在背阴面——逆光而行。

童年时的我，长相一般、成绩一般，各方面都乏善可陈。2012年大学毕业后，我做着一份月薪3000元的会计工作，兢兢业业、从不敢为自己发声。胆小、自我否定、不配，是为我量身定制的标签。我就这样浑浑噩噩地过着，一晃就是4年。

我第一次想要在一潭死水的生活中挣扎一下，缘于2016年闺蜜喊我创业。从爆亏到半年内逆袭流水过千万元，我清晰地感知到"线上掘金"的魅力，我不敢停下来，只好拼尽全力往前奔跑。

后来，从私域电商到个人品牌，再到搭建自己的私域发售体系帮助素人个体创业，月入过万、几十万……不知不觉间，我获得了不错的成绩，还成了业内有口皆碑的发售专家。

我也有不敢对外人说的另一面——几乎没有跟家人共处的时间。当我像"空中飞人"一样忙到内分泌失调，当女儿打电话问我"妈妈，你什么时候回家？"的时候，我的眼泪唰地一下就流下来了。那个瞬间，我迷茫不已，我问自己：你做的事情是对的吗？你走的路是对的吗？你的选择是对的吗？

当我月薪3000元，生活都无以为继时，养家糊口的压力让我无暇顾及更多。当我笃定"创业女性就是给孩子最好的榜样"时，那种身为子女、妈妈、爱人的陪伴感缺失，又让我的内心惶恐不安。

2022年，在看似到达"逆光而行"最高点的时候，我给自己按下了暂停键，重新对人生进行了梳理。我投资近百万元深耕发售系统，打破圈层结交新的朋友，去思考究竟要做一个怎样的创业者。

我先做了第一个升级：将7年私域经验建立了私域营销案例库。进行尝试后，我发现靠着这套方法，带着几个人就能轻松做出几百万元的业绩。

当我用系统思维将往日的做法进行梳理并升级成一套方法之后，我发现我的效率更高、获得的结果更好了。于是，我又做了关于我人生规划的第二个升级：让工作和生活合二为一。一年的时间，我一边天南海北地带着学员给客户服务操盘，一边带着家人走遍十几个城市。在此之后，这种状态成为常态。

我开始孵化裂变操盘专业人才，累计培养了上千名私域营销专家，让我不管身处于世界哪个地方，都可以实现"左手事业、右手家庭"两不误的状态。

如果让我描述我生命中最温暖的那个场景，就是我带着女儿做功课，我写文章她画画，我跟她说"我们要做个有用的人"的时候。彼时，阳光洒落在女儿的发梢上，为她镀上一层温暖的光晕，仿佛让我一下子就窥见了生命的真谛：逆光还是背阴，完全取决于我们自己。

创业和生活，从来都不需要平衡，只需要选择。要知道，我们生命中最大的贵人，就是那个永远不服输的自己。

从初步萌生想法的探索，到切实将多年私域裂变发售的经验转化为可持续、可增长、强迭代的战略方法，再到2024年"一品千万项目"的落地运营，我成为实体企业、头部IP的裂变操盘"扛把子"，大家也开始称我为"裂变女王"。

很多人跟我说，哪怕外界形势再不被看好，只要是雨麒出马的操盘项目，就一定能够"卖爆"。

于发售而言，随着流程体系化和团队的自我运转，裂变发售操盘9位数的系统方法论应运而生，这让我免去疲于奔命。于家庭而言，一个妈妈只有真正达到内心丰盈和自洽的生命状态，才是对全家最大的滋养。

当你的愿力大于你的业力时，就可以改写你的人生剧本。

这本书实际上是一封创业者的自白：有时刻"逆光而行"的勇气，就有笃定"顺势卖爆"的能力。

2025 年 3 月，雨麒于上海

目　录
CONTENTS

第九章

第一章

从月薪 3000 元的小会计到卖爆上亿项目的裂变发售操盘手

朋友打趣说："雨麒，你的创业故事，明明那么惊心动魄，但是每次回顾起来，却又有四平八稳的感觉。真的很奇怪，到底是为什么？"

我的回答是："因为我一直是扎根在地里的创业者。"

因为根扎得够深，所以逆光向上而生的力量也足够坚韧。

第一节

"裸辞"创业，凭实力爆亏，
半年后逆势反转，年流水过千万

从小到大，父母对我的期望就是不求大富大贵，能安安稳稳地过日子就可以了。

所以，即便是做着最普通的小会计，拿着一个月 3000 元的工资，过着一眼就能看到头的人生时，我也没觉得有什么不对。

直到我发现原本找工作都困难的闺密，摇身一变，成了月薪15000 元的白领时，我才觉得是时候要去改变这种人生。毕竟她一个月的收入，我要干 150 天。

闺密的成功，就是点燃我心念的导火索。

经过了解，我发现闺密的能力并没有突飞猛进。她薪水大幅上涨是受贵人指点，赶上了当时爆火的互联网趋势。

没过多久，不满足于现状的闺密邀请我一起创业。在闺密的大力邀约下，我瞒着父母裸辞，投身于互联网公司，做了第一次"出格"的举动。

当时的我，在外呈现的一面是：特别听话、特别乖巧。但与之对应的，我内心的另一面则是：极其忍耐、极其有韧性。

面对闺密坚定的邀约，面对人生中第一次被看见、被重视、被需要，我内心隐藏的那一面被完全激发了出来。于是，两个什么都没有的姑娘，就这样开始了自己的创业之路。

为了省钱，我们连续30多天，一天只吃一顿饭。整整180多天，每次走在下班回家的路上，包子铺已经开始为新的一天忙碌了……

按理说，我们这么努力了，应该就此走上人生巅峰。然而，一开始我们就搞错了努力的方向，结果惨不忍睹。

代运营、淘宝、拼多多……仅仅半年，我们"凭实力"亏掉了账上所有的钱，浑身上下只剩下4000元了。

大泡簪一顿

创业中的闺密和我

每天下班很晚的我们

下班包子铺开张

创业中的我们

就在我准备像鸵鸟一样，再次缩回自己的窝里时，闺密说："雨麒，不到最后一刻，咱们不要放弃。"我也隐隐觉得，如果这次我就此认输，可能这一辈子都没有再次起来的心气儿了。

我们互相鼓气，挑战"弹尽粮绝"的极限，疯狂地发邮件、找订单。

没想到，只有电影中才会出现的奇迹，真的和我们撞了个满怀。在数百封商务邮件石沉大海后，某个大平台的商务总监给我回复了信件。我们拼命抓住了这根救命的稻草，没有选择邮寄样品，而是选择连人带货连夜赶到了北京。

我们的真诚打动了对方，在不是那么符合对方要求的情况下，对方指出了我们在系统、经营模式和理念上存在的问题，并给出了相应的解决方案，除此之外还透露了适合我们的新媒体电商风口。

有时候人生的关键节点，就是缺那个指点一下的贵人。在后来"打怪升级"的路上，这样的情形至少又出现了3次。

在当时极度困难的情况下，我们东拼西凑了 40000 元，只为了获得专业顾问的一对一指导和资源加持。

在咬牙坚持、默默努力后，终于有一天，数据彻底爆发了。

一篇图文，带货 10000 多副耳机。

一篇图文，销售 5000 多斤橙子。

……

我们当月进账共 30 多万元。看到公司盈利后，长久以来的压抑宣泄而出，我和闺密两个人抱头痛哭。

当你不放弃自己的时候，命运就不会放弃你。

"认养一头牛""王小卤"等大家耳熟能详的品牌，都闻声而起，有意与我们合作。就这样，仅用 1 年时间，公司流水就超过了千万元。

这个成绩，跟知名品牌或公司比起来或许九牛一毛，但对于当时的我来说，无疑是打开了另一个世界的大门。而我，在这个有人带路的"磨刀"阶段，沉淀出了基础的文案带货能力。当我把失败和成功的经历放在一起复盘时，我发现，这两个踩坑经验，所有的新手创业者，都应该好好借鉴。

第一，读万卷书，不如行万里路；行万里路，不如名师指路；名师指路，不如贵人相助。

要是能早点遇到那位真正能给我的人生进行点拨的贵人，我定然能早点开悟，而不是没有头绪地瞎努力。

第二，能力长在趋势上，用对方法，事半功倍。

不是你不会，是你不知道，如果你知道，你也一样会。

如今，我已将这份"善意"传递给其他在创业时需要帮助的伙伴，成了为他们指明行业趋势的贵人。我和闺密的公司，在正确的方向上，顺应趋势，飞速地向前奔跑着。

然而，事业刚有点起色，我却面临着人生中最大的抉择：是选择大好前途，还是回归家庭？

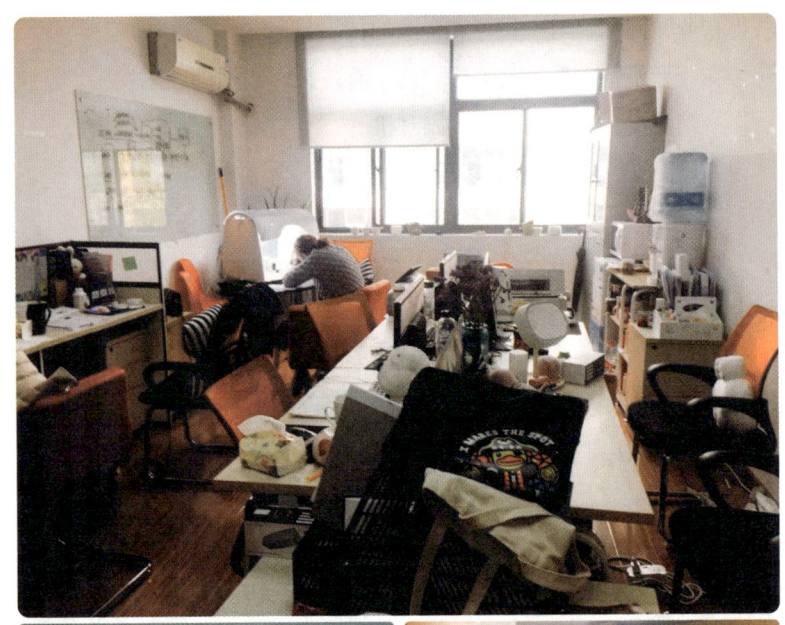

仓储、办公、团队

第二节

初为人母却要告别母亲，
在事业与家庭的天平上，我该如何抉择

人生最大的缺憾是：子欲养而亲不在。而我最大的愿望是：人生不留憾。

2018 年，29 岁的我拥有了妈妈的身份。女儿刚出生一个月，我还沉浸在喜悦里，没想到母亲的身体却出现了重大问题。面对母亲即将进入生命倒计时的宣告，我不想给母亲和自己留遗憾，想趁着母亲还能动，带她去看看祖国的山山水水，去圆她的梦。

可是这个想法不光需要时间，还需要钱。怎么办？

痛定思痛，我决定转型私域社交电商：靠一部手机，通过朋友圈和社群运营，实现移动办公、随时随地赚钱。

现在想起来，当时真的是从零开始：一是没有多少私域；二是不会写社群和朋友圈文案，尤其是跟营销相关的内容，存在巨大的卡点；三是不会谈单子，十个单子谈崩九个半。但经历过创业失败再崛起的我，有着强烈地想要给女儿和妈妈做后盾的心，对于这次决定，我没有丝毫犹豫。

所谓的韧性，不过是我坚信：命运里面最重要的就是不服输。只有自己真正认命的那一刻，才是真的输了，这也是我每次遇到挫折就能够逆风翻盘的生命本源。

不会写朋友圈文案，我就把别人写得好的朋友圈文案，一个字、

一个词、一个句子地琢磨。从白天写到黑夜，从喧嚣写到宁静。我从最初一天 8 小时只能写 5 条文案，逐渐成长为营销文案领域的专家。社群、谈单，我如法炮制，虽笨但有效。

当很多人都在用广告疯狂刷屏时，我另辟蹊径，写出个人品牌人设，把自己的朋友圈策划成微电影，而这个方法又让更多的职场女性、宝妈都来跟我创业，硬是把零售思维做成了招商思维。

带母亲去过的部分地方

就这样，我不断用以下这三招，带领团队月营收过百万元。

第一招，把朋友圈打造成微电影，通过个人魅力去吸引人（即打造 IP 人设）。

第二招，建群，搞发布会转化（即社群发售）。

第三招，通过一度人脉邀约二度人脉（即裂变）。

那段日子，我几乎每周都在分享"打造自动成交的朋友圈""如何写朋友圈微电影""社群批量成交术""招商裂变方法论"，仅有 70 个好友的我，竟然 3 个月营收 50 万元……但我始终清楚，人生的终极追求，是富足幸福的人生，赚钱是手段，而非目的。

就是靠着这些看似不起眼的方法，2 年，700 天，仅靠一部手机，我带着母亲去了很多地方。

在母亲生命走到最后的时候，我告诉自己：雨麒，你尽力了，你做得很棒了。可我明明做了那么多的心理建设，眼泪还是止不住地流。母亲离开后，我陷入了抑郁和悲观中，久久无法自拔。最终让我走出来的，是 2 岁女儿一声声的"妈妈，妈妈……"

我的妈妈不在了，我的女儿还在，我得为自己的女儿撑起一片天。从那时起，我就对"陪伴"极其重视，不仅是对家人、对学员，更是对身边每一个与我结缘的人。

生命中，很多时刻不会重来，而你的生命状态才更重要，我相信母亲也期望我去做想做的事，成为想成为的人，去看想看的世界。

所以于我而言，生活即工作，工作即修行。

女子本弱，为母则刚。在我成为众多超级 IP、实体企业裂变发售操盘手的路上，女儿成为我穿上铠甲、奋勇直前的动力。

陪女儿深圳游

陪女儿去迪士尼

陪婆婆、女儿游云南

陪女儿武汉游

现在的生活状态

第三节

从默默无闻的小透明，
到百亿企业裂变发售操盘手，我是如何做到的

2020 年，一场突如其来的变故，让上海这座老城按下了暂停键，也让我找到了人生的终极使命。

也是这个使命，让我固守本心，能够聚焦在行业里，拒绝快速扩张，带教学员深度实操，助力他们学到真本事；用心陪伴每一个合作伙伴，去理解、感受他们的创业故事、品牌文化、品牌理念，力图通过文化吸引更多人，而不只是通过产品吸引人；激发身边每个人的生命能量，让靠近我的人生命状态更好；左手创业、右手幸福，主打松弛感创业。

我常说：让能力长在趋势上，让靠谱成为基本盘。

自 2020 年起，深耕私域的我，瞄准了视频号的趋势风口。作为一个性格内向的人，我从 29 个粉丝，坚持百天日更，14 天上涨到1000 个粉丝，3 个月达到金 V，协办了 2 场千人峰会。

直播事业的发展，也让我拥有了和方太厨房、上海农产品机构的深度合作机会。

从最初的摸爬滚打，到进入知识付费赛道，和很多人一样，为了破局，我开始疯狂学习。我开始报各种课、参加各种活动……以至于有那么一段时间，我好像只是为了学习而学习。

在这个时候，我遇到了自己的第二个贵人。润宇总的一句话点醒

了我，他说：你擅长的是私域啊！这句话像复读机一样在我脑海中反复盘桓，我梳理了自己创业以来的点点滴滴，幡然醒悟：我必须在某个细分领域具备一骑绝尘的能力，才能拥有和大咖"打牌"的机会。

回顾过去，无论是做爆款内容带货、私域社交电商、运营社群、朋友圈，抑或是带着团队精准裂变、做短视频……串联起来，我一直在做的核心其实是：内容裂变操盘。但是当我整装行进时却走了很多弯路。我丢弃了自己过往的积累，在新领域分散作战，导致每一次都是从头开始，因而团队整体都身心俱疲。福至心灵的瞬间，"养用结合"这个念头浮上我的心头：我要搭建一个滋养身心的场域，让团队充能而非耗能。

吸引力法则的召唤带来了命运齿轮的转动。2021 年年底，我遇见师父智多星，在他的指引下，我把内容沉淀下来，写了处女作《序列发售》。

我又通过畅销书发售模型实现了营收突破百万元，真正做到了"一书百万"。

2022 年年底，我的另一位贵人——剽悍一只猫指点我，说："未来一定要重视线下。"一直以来，我都是在贵人的指点下才能一次次破局，这一次也不例外。我没有丝毫犹豫，当即决定行动起来。

当你内心澎湃，当你野心勃勃，你就能成。

最终，我用 14 天的时间拉起了 200 场的"高价 IP 创富闭门会"，拆解"我是如何用《序列发售》这本书裂变引爆 100 万 GMV（商品交易总额）"。

恰好此时，畅销书作家李菁的《让热爱的一切梦想成真》即将面世，听完我的分享，她当场决定让我帮她裂变操盘。我用"畅销书裂变发售"模型，用了 6 天时间，帮她裂变 1700 人，大卖近万册，线上低转高预售万册产品，销售额近百万元。

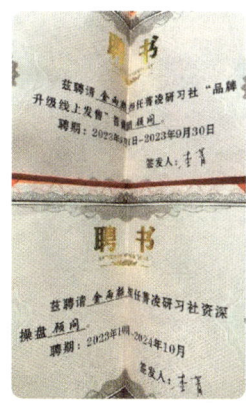

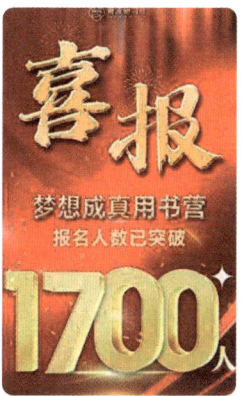

此案例一出，我一战成名：前磨铁战略顾问刘 sir、畅销书作家弘丹、世界记忆大师卢菲菲等，纷纷找我合作。

与此同时，我也同步更迭了自己的内容裂变发售模型：快闪发售 7 步法、二度人脉裂变法、联盟裂变发售法、三国演义发售法，无一不取得了喜人的成绩。

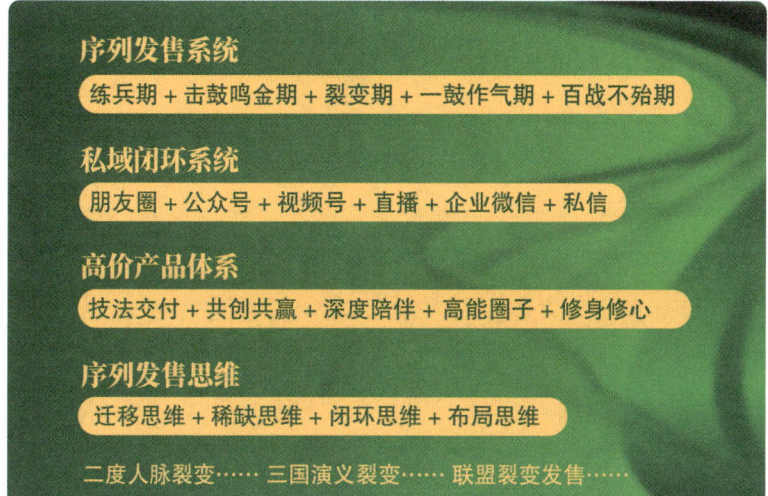

这些年，我裂变操盘的项目高达 30 多个，有线下传统行业、跨境电商、线上知识付费……总业绩破 9 位数。

内容裂变发售的核心，就在于打造一个"钩子"引流产品，这个"钩子"可以是书、电子文档、实体手册、线下活动、视频号活动等。

找准这个引流品，就能撬动千万的流量。

师父智多星

第四节

裂变发售，95% 的人学得会

有人说发售是一场"零存整取"的游戏，但如果没有私域，难道就玩不了吗？

当然不是。我认为，只要会"精准裂变"，小私域一样可以发售并且取得成果。

2021 年 7 月，我操盘的"7·17 直播大事件"，"直播 + 社群"双模型联动，最终实现 34.8 万元的 GMV。而这完全是一个新的品牌，0 私域，且客单价很高，价格在 2.7 万~4.5 万元，客群少且对产品一无所知。

那我是如何让他们在没有任何基础的情况下成功曝光，实现近 40 万元的销售额呢？

"拎包入住"的品牌服务模型，视频号"冷启动"+ 社群裂变：从视觉营销、营销文案、社群运营、公众号搭建、直播间搭建、直播稿设计等全面操盘运营，最终仅用 21 天，便跑通了全模型。

"冷启动"尚且可以做几十万元的业绩，更何况有那么一点私域基础的呢？

即便没有一个粉丝，按照我的方法，依旧可以迅速拥有 1000 个精准粉丝。我可以肯定地说，只要你想，就没有用"裂变发售"操盘不了的案例。

很多人学不会，做裂变发售没成果，无非是以下这 2 个原因。

一、认为做裂变发售太难了，觉得它需要高商业认知

这是绝大多数人存在的认知误区。

这些年，我培养了 3000 多名发售学员，如果你认识最初的他们，就会发现他们刚开始学习的时候没有任何商业知识，甚至连裂变发售操盘是什么都不知道，但是他们无一例外，最终都成了靠裂变发售谋生的专业人士。

我同样如此。最初，我又有什么积累呢？我不过是一个机械专业毕业的普通学生，毕业后拿着 3000 元工资的小会计而已。

裂变发售的底层逻辑就是一门技术，一门可以通过学习掌握的技术。

那么到底靠什么学会呢？

核心就是两个字：流程。一套像多米诺骨牌一样的流程，里面至少含有 16 个人性按钮。

当大脑中植入这套完整清晰的裂变发售操盘流程后，再配合实战矫正，就可以掌握这项技能。所以，我带的学员在赚钱上完全没有卡点。

他们要么能够自己接单赚钱，要么可以参与我的项目实战＋分利。

二、愿意学，但是喜欢自我摸索

学习的捷径永远是付费的人靠近成果。

自我摸索有个让人很崩溃的点是，当你辛辛苦苦、披荆斩棘好不容易上到 30 楼，才发现：我的天，竟然有电梯！就像我刚创业时持续半年的亏损一样，亏的其实是认知的钱。

自学有明显的三大缺点：

①见皮不见骨。很难参透动作背后的底层逻辑，只能停留在片面的方法层面，导致遇到不同的场景，不能自如切换。

②纸上谈兵难落地。理论和实践难以结合，没有实操机会，无法落地。

③不具备实时更新的迭代能力。单打独斗、方法陈旧、迭代速度太慢，耗费了大量的时间、精力却拿不到成果。

纵观我的整个创业之路，很重要的一点就是，在遇到贵人指点后，我坚定地选择花钱，从而成功站在了市场的一线。我不断深耕、打磨自己的技能，探索迭代最新的裂变方法。

也正是因此，在大家都说裂变发售越来越难做的情况下，我能够跟顶流 IP 肖厂长合作。作为增长顾问，我获得了从 300 人裂变 27000 多人的惊人效果，最终发售业绩突破 600 多万元。

我跟格掌门合作，裂变 1 万多人，最终发售 200 多万元；跟张一凡合作，7 天实现 2 万人私域裂变，刷新业绩 380 多万元……

发售的核心是创造力。我们不妨把自己想象成一个魔术师，手中握着发售这柄魔法棒，当拥有运筹帷幄的能力，就会生出很多好玩的招式。这也是我极度热爱发售的原因之一。

我能够持续拿到成果，除了不断迭代，还因为我有两个自己独一无二的特色：

一是生命激发式裂变撬动发自内心的行动愿力。

裂变，是用深度陪伴让参与的人自发、自愿地去行动、努力，而不是无脑地简单拉人头。

裂变增长的方式有很多种，但是如何进行筛选，以及如何快速将其转化成高黏性的"铁粉"，这才是能不能拿到成果的关键，也是最大的难点。

解决问题的关键就是：信任是一切的前提。

当我们能够找到与用户的共赢节点和品牌的价值锚点时，就可以激发裂变，形成高客单成交。

二是交付型裂变让顶流 IP 和企业主对我情有独钟。

"以身带教，以战养学，在实操中裂变，在裂变中生长。"我所有的项目，学员都是深度参与者。这是我能持续跟粉丝及合作伙伴保持高黏性的本质。

这是一项能相对容易听明白，但真正做到却非常难的事情。它无法靠单纯的自我学习习得，而是需要在一个场域中长期浸泡、彼此激发，在事中练、在事中学，进而顿悟。

因此，我不仅将我成事的方法论复制给学员，还手把手带着他们进行实战。学员从线上发售的"小白"，经过短短半年时间，就能拿到行业聘书，甚至成功拿下百万、千万级别的项目。

拥有裂变发售的能力，至少可以得到以下 3 个方面的收益：

如果你想成为操盘手，裂变发售是必学的杠杆能力。它能够让你市场中拥有得天独厚的竞争优势，不必一个人奋斗，而是合作共赢，轻松赚钱；如果你有自己的门店或者是超级 IP，学会这套方法，为自己操盘，就能实现流量业绩双增长；如果你想找我们操盘，至少知道底层逻辑，就算不找我们，也能做到不会踩坑。

但是，我最想告诉你的一点是：我们不是要做某个项目的裂变操盘手，而是要做人生的操盘手。

奋斗的终点是获得幸福，让生命状态变得更好，这也是每个操盘手的终极目标。

第二章

爆单引流品的
吸金奇迹

2024 年，天禹数智创始人，28 岁的辅导企业营收增长破亿的周宇霖，邀请我为他的新书《人人都需要的销售演讲力》做裂变操盘。针对他的情况，我专门为他打造了一套爆品引流裂变发售模型。

"线上招商 + 育商卖货"结合"线上发售 + 线下会销"。

通过这套模型，我们从线上招募了 300 位合伙人，裂变到 27000 人，书的销量突破 27000 册；视频号达到了万人在线，线上 5 天的公开课累计突破 1200 万元的营收；两场线下活动再创 800 万元的业绩，项目总业绩突破 2200 万元。

每个佳绩的背后，都是对发售每个环节的细致打磨、提前布局。

这次共创的裂变发售模型荣获了多项行业大奖，如 36 氪最佳行业营销奖、TBI 最佳创新新人奖等。

一本书，带来了千万元的业绩。

下面，我带大家深入拆解下这次发售的每一个环节，看我们是如何通过一本书，创造了千万元的业绩。

第一节

发售前期：传递书的价值

在 2023 年以前，周宇霖老师一直做的是线下传统招商模型，在线上没有任何的布局。

虽然周宇霖老师有着 13 年营销操盘经验，全国各大品牌老板、创始人、IP 讲师都追着他讲课，但对于线上的圈外人而言，信息壁垒依然存在，很多人甚至都没听过周宇霖的名字，更不知道他的能力。

我们最先要做的，是帮助周宇霖老师打破线上壁垒，而使用的"武器"就是这次发售的新书《人人都需要的销售演讲力》。

想让用户认可一个 IP，其本质就是让用户和 IP 背后的价值产生共鸣。但如何将价值这种无形、虚幻的东西植入用户的心中？

我的脑海中出现了无数个想法，最终想到了两个字：故事。

这次发售时，我们没有用常规的广告式朋友圈进行宣传，而是运用"种草"思维，以追剧的方式打造朋友圈的内容。

我们将书中的价值及周宇霖老师的销讲案例融入故事之中，以讲故事的方式在私域进行宣传。

这样操作的背后，是我对人性的了解：

一个能够口口相传的故事，会让用户自发地宣传产品。当用户对 IP 的价值产生认同时，他们就会向身边人宣传它，慢慢扩大 IP 的影响力。

我们在线上筛选了 300 人，以合伙人的身份参与新书《人人都需要的销售演讲力》发售活动。

本着交付即营销的原则，我们将整套私域增长链路交给合伙人，并将周宇霖老师书中的价值传递给每一位合伙人，获得了他们的高度认可。将产品的价值注入团队，就如同给产品注入灵魂，会使整个销售团队变得牢不可破，紧密相连。

第二节

发售策略：视觉营销和超级福利品

在确定了发售的基本思路后，我们要考虑的是，如何提升用户对这本书的购买意愿。相比于吃喝玩乐类的产品，用户对书的购买意愿通常较低，但我们要做的就是让用户对这本书产生强烈兴趣，愿意阅读并认可它的价值。

为了实现这一目标，我针对发售环节中两个关键点做出了精心设计。

首先，打造视觉营销。

我们最常听到的一句话是："设计要有美感。"一张精美的宣传图，可以吸引用户的目光，并让用户停留下来，为后面的产品宣传做好铺垫。同样的思路，是否可以迁移到我们的发售中呢？

这一次，我们设计的海报放弃了之前一贯明媚亮眼的颜色，转而以黑、金两色为主色，凸显了周宇霖老师的专业形象，从视觉层面引导用户对他的能力进行认可。

每个人潜意识中都会追求高品质产品，因此用户对图书的品质考核的其中一个要素就是作者。作者的形象、地位、知名度等都会影响人们对他的书籍作品的印象。

我们为周宇霖老师打造了一个高级、专业的形象，在发售时，能间接地影响用户对《人人都需要的销售演讲力》这本书的专业程度的认可。当用户对书的认可度较高时，购买的意愿自然也会增强。IP 在用户购买图书并阅读后，就与用户形成了初步的绑定。假如用户能够感到 IP 带来的势能，他们就能够再进一步进行绑定，成为 IP 的铁杆粉丝。

其次，赠送超级福利品。

经济学上有这样一个定理：价格围绕着价值波动。价格是价值的体现，当产品价值远远高于标出的价格时，用户会感到物超所值，增加购买意愿。运用这样的心理，我们特地设计了超级福利品这一发售策略。

以《人人都需要的销售演讲力》为基础，我们根据用户下单的数量设计了阶梯式福利。每一级阶梯，我们都精心准备了周宇霖老师课程的超级福利品，它的价值远远超过书的销售价格。

用户下单数量越多，随书获得的超值赠品也就越多。而且在这次发售中，我们除了设计了周宇霖老师所赠送的福利外，还专门结合每一位合伙人的自身定位，设计了合伙人的专属福利产品。

用户不仅能获得周宇霖老师销售演讲的赠品，还能够获得自己的合伙人给出的赠品。在这一刻，我们的发售实现了 IP、合伙人、用户三者的共赢。合伙人不仅在发售过程中宣传了自己的产品，还成了《人人都需要的销售演讲力》销售联盟的参与者。

这已经不是单纯的图书发售团队了，而是一支价值相通、目标一致的销售铁军。以《人人都需要的销售演讲力》为连接点，将合伙人和周宇霖老师的品牌深度绑定，实现周宇霖老师和每一位合伙人的利益捆绑。这些操作为最终的发售打下了坚实的基础。

第三节
发售环节：引爆千万元的业绩

动销链路的设计是否合理将会直接影响最终裂变的结果。

为了配合这次故事"种草"的发售策略，我们除了简单的在私域进行二级裂变外，还结合了快闪发售和直播发售。

在这次实战中，我再次体会到一本书作为引流品带来的效能。仅仅只在二级裂变这一环节中，有的合伙人就完成了七级裂变。

在私域完成七级传播的含金量有多高呢？这相当于在公域引爆了百万播放量。这一战绩验证了将一本书的价值融入故事中，进行传播的可行性。这也让我们对周宇霖老师的《人人都需要的销售演讲力》最终发售成绩充满了期待。

在快闪发售环节中，我们按照之前设计的方案，以故事的形式向用户传递书的价值，让用户了解周宇霖老师的能力，逐步引导用户下单。

为了增加故事对用户的吸引力，我们特意设计成追剧的模式。一天、两天，让用户循序渐进地对周宇霖老师这个实力IP产生好奇心，想要了解他的产品。

为此，我们将方法化为10步，一步接一步地交给合伙人。每一位合伙人手里拿到的，是我们经过反复推敲的发售文稿。我们力求将交付细化到每一个环节。

随着追剧式朋友圈的逐步建成，用户已经开始陆续地下单了。单笔订单销量达到 100 本、200 本，甚至 500 本，最终在私域销量就突破了 27000 册。这不仅仅是一个简单的销售数字，它代表着即将获得的客户资源。

毕竟卖出 500 本书，意味着会获得 500 个客户资源；卖出 2000 本书，意味着会获得 2000 个客户资源。

接下来，我们开始建立社群。

87 个微信，612 个社群，还不包括部分合伙人的社群。社群与直播相结合，直接引爆了销售。连续 5 天的线上直播，周宇霖获得了用户的认可。

　　周宇霖老师直播间人数甚至一度突破万人大关。我们直接成交了高课单产品——线下销讲课，累计营收突破 1200 万元。最终，我们通过 300 人，实现了 27000 人的裂变，创造了千万元的业绩。

　　人、书、品三位一体，合而为一时，会创造出惊人的业绩。

第四节
长尾效应：发售模型获奖无数

这次发售，我们也联合创造了新的营销模型：招商—育商—裂变—发售—线下会销。这个营销模型不仅被评为商业创新案例，还获得了最佳行业营销奖等多项行业知名奖项。

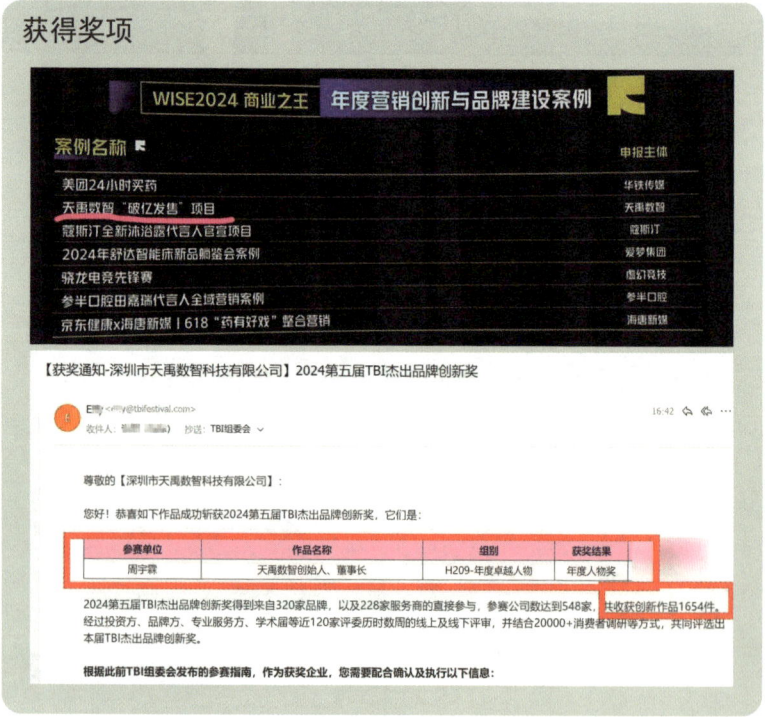

获得奖项

　　我也被邀请到上海财经大学，为大三学生赋能新营销板块下的商业模型。

　　新的营销场景和新的营销方式正在悄然改变我们的生活。而这次关于发售模型颠覆式的创新，无疑给发售裂变注入了一剂强心剂。

第五节
一品千万：每个 IP 都可复制的发售思路

周宇霖的发售操盘案例，其实是基于我自己的"一品千万"发售模型迭代而来的。

早在 2024 年年中，确定"一品千万"的概念就在业内引起了小小的轰动。随后，在市场普遍低迷的情况下，靠着 1 本书，我们实现了 8000 人的精准裂变，然后用 5 天引爆了 113 万元的业绩。

由此带来的结果是，一品千万各行业裂变发售实战方法在很长一段时间内都处于供不应求的状态，后续的长尾成交也非常可观。

内容是极好的引流品之一，当做好了引流品设计和商业变现链路的设计后，撬动千万级成交就可以毫不费力。

当时，我汇聚了 16 个行业的 15 位大咖，共创了一品千万各行业裂变发售实战方法。里面包括 10 多篇案例拆解，10 多套实体可用低转高客单模型，20%~50% 的超高转化率打法，给用户一套可复制、低成本、能落地的升维模型。

这个模型的核心有 4 个方面：

一是要在优势上做策略，确定好"一品千万"的那个"引流品"，架好支点。

二是要用"阳谋"做裂变，用联合发起人的模型组局，先战后胜。

三是要用交付型裂变叠加势能，依托"朋友圈铺垫 + 社群营销 + 直播转化"打造成交场域。

四是抓紧抓稳"操盘颗粒度"，提高 20%~50% 的 GMV。

当这 4 个点都能够落地到实处时，肯定会拿到不错的成果。

所以，我们的"一品千万研习社"刚刚组建，还没正式交付时，就已经有很多人拿到了成果。

比如，有刚刚毕业的大学生已经拿到了社群的代运营项目，像少萍直接接到了摩托车店裂变发售的个案，立刻收到了 1.8 万元的佣金，后续成交还能持续分成。

为什么跟着我们的人这么厉害？为什么好像跟对了人，非常轻松地就能拿到成果？

因为外行只会看热闹，会觉得发售不就是SOP（标准操作程序），不就是裂变，不就是直播成交吗？

但是内行随便一拆解我们的颗粒度，就能敏锐地感知到，哪怕稍微用到一点，就像在湖中投入一滴水，都足以泛起巨大的涟漪，也能带来巨大改变。

为什么能卖？

流程看似一样，但是布局和内容结构及节奏都是不一样的。

所以裂变发售难吗？使用我们的模型确实不难。但你说它简单，裂变操盘手对每个环节的把控又很可能差之毫厘，谬以千里。

不过公认的一点是：只要真正掌握核心技能，裂变发售大有可为，"一品千万"人人适用。

线上 IP 从来不是竞争关系，而是一个巨大的蓝海市场，需要大家共赢共创。

商业的本质是价值的交换，而不是简单的降维成交。我们需要把整个生态中每个环节的人联合起来，包括但不限于 IP、操盘手、出版社、品牌集团，实现多方共赢。

结合 IP 的调性，挖到那个撬动成交的"引流品"，就是操盘手握住成交密码的杠杆支点所在。

第三章

卖爆的核心之道——
占领心智

2025 年，我过了一个与往年完全不同的春节。

当大多数人还沉浸在团圆的喜悦中时，我已经悄悄地操盘完成了一场惊人的私域裂变——张一凡央视年度演讲。

短短 7 天内，我们完成了 2 万人的私域裂变，同时在央视演播厅的朋友圈年度分享预约突破 2 万人。

当这个消息传出去的时候，很多人都觉得不可思议。

"这怎么可能？春节期间谁还有心思做裂变？"

"2 万人？这得需要多少人力才能完成？"

"就算是平时，7 天破 2 万也很难吧？"

确实，作为一名资深的裂变操盘手，我也清楚地知道这个任务的难度有多大。但正是这种"不可能"的任务，才会更让人有挑战成功的成就感。

而我完成挑战的核心之道就是占领心智。

今天，我以"张一凡央视年度演讲"为例，讲讲在裂变发售环节中，如何占领他人的心智，吸引我们的铁杆粉丝。

事件营销
张一凡造势机构

张一凡央视开年演讲

小创意 高势能
低成本 高势能

进群人数突破

2万人

张一凡

张一凡造势机构CEO

自媒体事件营销创始人
热搜事件幕后策划人

「茅台冰淇淋」「哈尔滨小土豆」等现象级出圈事件策划人

第一节
占领心智心法之一：万事由心，修己达人

刚接手"张一凡央视年度演讲"这个项目时，多年发售操盘的经验让我第一时间就觉察到：这个项目的难度会非常大。

春节前致命的时间点、凡哥自身的私域新手身份、用 7 天时间完成 1 万人的裂变目标……其中任何一个问题，都是很大的难关，稍有不慎，就会造成不可挽回的后果。

我操盘过无数高难度的项目，但像这样将众多难题集中在一起的情况也属实不多见。

2025 年的春节比往年更早，而大年初二就是凡哥在央视演播厅的重磅演讲。这意味着我们的裂变活动，必须在节前这个最忙碌的时段完成。订机票、买年货、准备礼品、大扫除……每个人都在步履匆匆地为这一年最重要的节日做准备。

往年的经验告诉我，这个时候人们的注意力高度分散，参与度会大幅下降。我保守估计，真正能行动起来的人，可能只有平时的50%。在这个时间点做裂变，简直就是逆风而上。

在项目评估时，团队中的很多小伙伴都劝我放弃，都说这个项目的操作难度实在是太大了，几乎不可能完成。尤其是处于春节这个特殊的时间节点，大家都着急回家过年，无心他顾。如果真要做

裂变，就劝一下凡哥，将时间推迟到春节后，这样各方面准备都能更充足一些。

所有人都在等我拍板。最终我还是决定迎难而上。我不是在逞强，而是我知道在信息爆炸时代，时机稍纵即逝。过完年再启动，固然有足够的时间做准备，但等到春节之后，前期积累的士气会消散殆尽，势能就完全不一样了，倒不如速战速决，打一场闪电战。

在实际操作的过程中，我遇到的困难确实比想象中还要大，其中最棘手的问题就是人员协调。

"对不起啊，我已经订好回老家的机票了……"

"雨麒老师，实在不好意思，我这边要准备年货了……"

"过年期间实在抽不出精力……"

这样的消息，在我前期招募裂变手时不断涌入。

确实，人们都在准备过年，谁还有心思参与什么裂变活动？但即便能行动起来的人只有平时的50%，那也是可以动起来的人。

"雨麒老师，我可以参加，算我一个……"

"雨麒老师，我没问题的，到时候你叫我……"

"我有空，我可以的……"

人数虽少，但如果能被操盘手激发和调动起来，一样能够以一当百。

某一个瞬间，我内心深处的愿景一下子被激发出来——帮助 IP 完成不可能的裂变，才是一个操盘手的使命。

挑战无处不在，质疑也如影随形。

"雨麒老师，真的有可能在 7 天时间内完成万人裂变吗？这不是在给自己增加压力吗？"在我正式决定要操盘凡哥的"张一凡央视年度演讲"项目后，仍然有很多小伙伴持着不乐观的态度。

我笑着告诉大家："我们一定能行。"

我脑海里想起《碟中碟》中的经典台词：选择接受任务了，就一定要完成。

"不能乱、不能乱"，我关掉所有的手机和微信，开始静坐冥想。脑海中从一开始叽叽喳喳的各种声音交织，到慢慢归于平静。

快闪发售 7 步法、二度人脉裂变法、小联盟发售法、三国演义发售法……我脑中闪过所有的裂变打法，试图从中寻找新的思路。

当我睁开眼睛时，已经过去 4 个小时了。我梳理过往的裂变打法，结合当下 IP 的调性，重新组出方案。最终，事实告诉了我们答案。短短 7 天时间内，我们创造了奇迹。

从 200 人到 5000 人，从 5000 人突破到 1 万人，一路攀升至 2 万人。业绩在不断刷新，从完成最初的销售目标到后面直接超预期达到 380 多万元，而且还有好几个百万级的订单正在审核中。

这些成绩的背后，不是简单的数字堆砌，而是每一个参与者的真诚付出。看到这样的成绩，很多学员都表示不敢相信：我们真的做到了！是的，我们做到了。我们真的只用了 7 天时间，就创造了裂变奇迹。

其实剥离开外在的成绩，我还是那个我，是那个带着初心开始创业的我。只是在"打怪升级"的过程中，我不断地修炼自己的内核，让自己愈发稳定和强大。

只要愿力足够，就可以心想事成。而我们能成事的核心之一，就是源自使命感的召唤——挑战不可能完成的任务。

每次回顾我的裂变操盘案例，从 300 人裂变到 11000 人，从 300 人裂变到 27000 人，从 200 人裂变到 20000 人……我取得的战绩越来越多，而那些对我不够熟悉的人看到这些数据时，就会认为我很厉害。

我认为，不管你处于哪个阶段，是还没正式开始的"小白"，是遇到卡点的操盘手，还是想要更进一步的创业者，都要首先笃定一点：万事由心，修己达人。

在这个过程中也要做到以下三点。

*一是学会借势而立。*我从素人转型成成功的 IP，不是因为我一开始就有资源，而是因为我持续不断地在路上集结资源和人脉，这才一步步实现了成长，做出了业绩。

所以，不要说我没有积累、我觉得我做不到、我不知道能不能做……

顺势而为，借势而立。只要有足够坚定的目标和方向，就能让实力长在趋势上，我们所期盼的，都逐渐向我们聚拢。

*二是学会向高手请教。*不要舍不得付费，向高手请教和靠近，是让自己爆发式成长的捷径。跟着高手老师学习，离得越近，能量就越大。这个过程也能够帮我们节省大量自己摸索的无效时间。

很多时候，免费的才是最贵的，我们唯一要做的，是做好筛选与分辨，追随真正值得追随的人。

*三是学会重构生态。*就我自己来说，我最初是先挖掘出新媒体电商赛道，到社交电商轻资产，再到知识付费成为企业和 IP 发售顾问，同时培养了很多拥有高能心力的发售操盘手。

回头看来，在这个过程中的每一个关键节点，我都精准地做出了恰当的选择。通俗点说，就是我踩到了风口。这是幸运吗？显然不是。我的出发点一直是要找到自己的生态位。

每一个创业者和发售者的初心，都不是去抢别人的生意，而是要深入思考，去创造自己的生态位，去找到差异化生态位并深耕，从而把自己打造成稀缺资源，去帮助迷茫的人找到方向，帮助成功的人更成功。

每一个操盘手的使命，都是成就他人的梦想，让更多好的产品被更多人看见。而我的使命，则是去赋能更多创业者，解决一个个小的社会需求，放大一个个大的梦想。

我想用生命去影响生命，用生命去激发生命，用生命去带动生命。这看起来有些不太接地气，但这恰恰是我能一直保持动力和增长的源泉，也是这份愿景在一直滋养着我。

人生中的智慧就是要边学边悟边修，生活是这样，商业是这样，操盘也是这样。

第二节
占领心智心法之二：打造激发能量的场域

如果你让我说发售最核心的要素是什么，我会回答：是人。

我的私域裂变发售，综合运用了朋友圈激发好奇、招募联合发起人、直播连麦、短视频和公众号聚能等多种途径，也借助社群裂变三板斧、大咖领读等手段造势，最终通过私密直播进行了高价发售，然后成功掀起疯狂抢购的浪潮。

以上提到的这些，是很多发售者都会关注且迫切想要修炼的地方，但很多人会忽略这背后的重点——人性。

李觉伟老师曾说，真正的销售高手，其实是人性高手。只有懂人性，才会有业绩。

一、满足客户需求，激发社群能量

营销时，我们常说要满足客户的需求。因为每个人都会有需求，营销其实就是最底层的人性技巧：发现对方的需求，真心帮助，真诚待人。

精准把握住人性需求后，就能将劣势转化为优势。本着这样的想法，我开始考虑"张一凡央视年度演讲"项目的劣势是什么？如何转化为优势？

显而易见，我们的劣势是春节前这个时间节点，人们的注意力、精力相当分散。

那么，如何吸引人们的注意力？这个关键的答案在凡哥身上。作为一位在公域"呼风唤雨"的营销大师，凡哥最擅长的就是"导演思维"。

事件营销的本质，不就是用导演的思维，去策划一场又一场精彩的故事吗？每一场私域发售，不也是一场需要精心编排的"剧本"吗？

这个想法让我找到了突破口。我开始将事件营销的思维，与私域裂变的精髓结合起来。不只是简单的知识传授，而是用"导演思维"去设计每一个环节，让整个过程既有张力又有温度。

春节，不正是人们感情最丰富、联系最紧密的时候吗？那我们就把邀请变成春节期间的送礼吧！让每一次互动都成为一个精心设计的场景，让每一次邀约都成为一份情意满满的礼物，让每一次裂变都带去一个万元抽奖的机会。

就这样，每一个收到邀请的人都愿意进群，因为他不花一分钱就可以听到凡哥的绝密赚钱分享，还有上千元的红包可以抢。

我们是真的做到了，让每一个来了的人都觉得超值。送礼这种方式，不仅让每一个人都感到物超所值，还带给每一个人节日的温暖与祝福。而抽奖的形式，也调动了社群的热闹气氛。

在春节这个最重要的节日期间，进入社群的每一个人都感受到我们如同家一般的温暖。

二、用生命影响学员，激发战队能量

在发售前，我会做战前动员，激发战队的能量，提升士气。战前动员固然很重要，但日常的陪伴和影响才是最重要的。

我坚信：一个生命能被另一个生命所影响。这也是我搭建"生命力裂变体系"的初衷。

在这7天的紧张发售裂变中，发生了太多被生命影响的暖心故事。

某天的战队会议上，一个消息让整个会议室沸腾了。

我们的刘队长激动地分享了一位队员的消息，因为这位队员不方便发言，便让刘队长替她告诉大家："她已经从南京出发，现在正在去哈尔滨的路上。过 1~2 天她就到哈尔滨了。她会在大年初一直播，为凡哥的跨年演讲助力。"

会议室里立刻爆发出一片赞叹声："太牛了！"

是的，她原本要去南京过年的，但现在改变计划去哈尔滨了。她说要在"南方小土豆"的发源地为凡哥直播。她是南方人，是特意选择去哈尔滨的，就是想要让全国人民看到我们对凡哥的支持。

2024 年的冬天，"尔滨"和"南方小土豆"的现象级传播，让全国人民见证了凡哥事件营销的威力。现在，我的队员竟然选择在春节期间，跨越千里，从南方赶往冰雪覆盖的北国，只为了在凡哥经典案例的发源地，为他的央视演讲发声。

这哪里是简单的地理位置改变？这分明是一个生命被另一个生命影响的结果。这份对凡哥事业的支持，哪里是用金钱可以衡量的？

而这样暖心的事情，还有很多。70 多岁的队员，虽然负债千万元，但为了支持凡哥，也是从零学起，一个一个地跟她的朋友讲这个故事，全队的人都在支持她。

愿力大于一切，这在抽奖的环节中得到了验证。她抽中了 18888 元的奖金，群里的欢呼声几乎要冲破屏幕了。很多人都说，看到她中奖，比自己中奖还要开心。

一位刚做完手术的队员还躺在病床上，就询问要如何去帮忙我们裂变。即便躺在病床上，手上插着留置针，操作手机和电脑都不太方便，但她仍然坚持参加裂变活动。当她收到诊断结果是良性的时，第一时间发来消息说要"归队"。

我们的战队长们，放弃了春节筹备，推迟了回家陪伴家人的计划。

有些人甚至是在年底自己的主业十分繁重的情况下，仍然牺牲休息时间，反复研讨策略，力求将裂变发售的每个环节都打磨完美。

这些都不是因为利益的驱动，而是被一个更大的使命感和归属感所感召。我从不靠利益诱导，而是用生命去交付。

当你真正理解了这一点，就会明白：士气的激励，从来不是简单地喊口号，而是靠真诚打动他人。

三、诚信交付产品，激发自身能量

跟我有过交集的人，对我的印象都是：充满生命力，能量满满。有人说我的能量不会枯竭，这是不可能的。我自有属于我的能量来源——用户的感谢，学员的感谢。

对我而言，真正的裂变，从来不是数字游戏，而是一场生命之间的连接。

这是我的"生命力裂变操盘"的理念，也是我的人生信念：用生命连接、影响、托举身边每一个人。

在这一过程中，我从来不是孤军作战。有倾囊相授的师父智多星，毫无保留地教授我相关的知识；有并肩作战的战友，尽心尽力地协助我做出产品；有不计得失的学员，拼尽全力地配合我举办活动……

每一个成绩的背后，都是一群小伙伴的尽力托举，只靠我一个人是走不了这么远的路，拿不到这些成绩的。正是因为身边有他们，我才能量满满，有信心做出更好、更完美的交付。

每次当我筋疲力尽想要放弃时，都会想到身边有这么一群人在影响着我，激励着我继续向前。学员们总说，老师，看到你我就充满了能量。但其实我想说，你们才是我的能量来源。

第三节

占领心智心法之三：拎包思维，不计得失

　　职场上有一个概念叫作"拎包思维"，意思是职场新人或助理需要如同"随时准备帮领导拎包"一般，保持高度主动性和服务意识，快速对需求做出响应，灵活处理琐碎任务。

　　做个人 IP 需要同样的思维，对用户、自己的学员随时准备帮忙拎包。偏偏很多人都在计较自己做了多少，得到了多少。本着你付费多少，我就交付多少的心态是万万不行的。

　　机会到来后，需要拼尽全力去争取。如果第一反应就是"我不行"或是"我能得到多少"，就会错失很多良机。这种思维如果延伸一下，就是要"多走一步、多帮一点"。

　　在交付时，有些人就只是交付约定好的内容或产品，向购买者额外多提供一些服务都不愿意。这样的做法，从商业角度出发是没有任何问题的，但从人情的角度来讲，未免显得有些斤斤计较了。

　　有时给他人额外的一点点帮助，就会让对方感受到生命的温暖，而这些善意的累积很大可能会带来超出预期的反馈。这次"张一凡央视年度演讲"项目后，凡哥特意录视频感谢我们，他说我们将是一生的朋友。

　　这不仅仅是一次成功的裂变合作，更是一场生命的相遇。

　　凡哥对我的高度认可，也让我很受触动。因为从我的角度来讲，

我只是做了自己应该做的事情。

作为自媒体事件营销的创始人，众多热搜事件的幕后推手，张一凡创造了太多令人惊叹的案例。从"答案茶"到"孟婆汤"，从"两周挑战80万"到"茅台冰激凌"，每一个都是现象级营销事件。

张一凡的抖音账号"落魄的千万富翁"有21.6万粉丝，"小雨老师"更是拥有955.5万粉丝。然而，就是这样一位在公域"呼风唤雨"的营销大师，在私域却还是个"新手"。不好意思发朋友圈，不好意思收小钱。

这其实也是我们对他裂变操盘过程中的困境之一：怎样想办法破除凡哥的私域营销卡点。

作为公域的"大咖"，凡哥在私域好友只有3000多人，在此之前也从未系统性地做过私域变现。那如何才能开启裂变浪潮中的第一波浪呢？

第一个破局点，我们选择了线下课。

在看到凡哥线下有那么多忠实学员后，我本来制订的计划是直接在线下收520元，启动核心成员群。但凡哥却不好意思开口收费。了解到他的性格特点后，我立即调整了策略，选择了一个迂回的方式：先让学员扫码进群，建立初步连接。

这个动作虽然看似普通，但实则是深思熟虑后的结果。因为在私域运营中，最重要的是让用户认同你的价值。接下来，是具有转折意义的"520特别计划"。

当我再次提出在线上招募核心学员并进行收益时，凡哥依然很不好意思："我们完全可以免费送给大家，何必收费呢？"

我向凡哥解释，在私域运营中，合理的付费门槛反而能提高用户的重视程度。

很快，我们就获得了第一批种子用户，大约有30人，这30人也就是后续 20000 人裂变的种子。在这个过程中，我并没有简单粗暴地要求凡哥"听话、照做"，而是耐心地听他的想法，了解他的卡点。

在了解到他的卡点是因为感觉收钱不合适，以及缺少私域营销经验时，我逐步渗透，一点点向他传递"合理付费更获重视"的认知，慢慢转变他的思维。这其实并不在我必须交付的内容中，我完全可以采取更简单的方式让凡哥配合，但我没有那么做。我宁肯慢一点、细一点，因为我知道我多做一点、多说一点，就能够更好地帮凡哥打通内心的卡点，实现多方的共赢。

"拎包思维"的第二个核心是：给人机会，收获更多。

很多人在发售时会安排好任务直接开始行动，但忽略了团队的背后是一个个活生生的人。其中，新学员想要得到实践的机会，老学员想要进一步成长。如果操盘手只是想着顺利推进流程，安排熟悉的学员做熟悉的事情，那么整个团队是得不到任何成长的。出于这样的考虑，我主张"以战养学"，给学员成长的机会。

但这样就会产生一个问题，有时候学员到了一个新的位置，负责一个全新的内容，因为没有经验，所以也不知道该从哪里下手。因此在每一场发售之前，我会设置一个必要的内训环节，给团队和学员足够的适应时间。

比如，在前段时间发售李菁老师的公开课时，我对每个战队的单独辅导都超过了 14 个小时，除了干货的碰撞，更重要的是在这个过程中的深度联系。

一方面，我需要捋清楚具体任务是什么、怎么干；另一方面，我也要让大家清楚为什么而干，充分激发大家的积极性，提高大家的参与感。

比如，凡哥这次的年度演讲，恰好赶在了春节前的几天，学员虽然特别地忙碌，但我们没有图省事，只用有经验的老学员，我们依然给每个新学员参加的机会。只要他们愿意，只要他们敢于挑战，我们都给机会让他们去尝试。

为了节省培训时间，不让学员在裂变发售和准备过春节之间做出取舍、左右为难，我和团队的小伙伴将行动手册做得比以往更加详细、清楚。每个关键时间点做什么，每个关键步骤如何做，我们都做了详细的讲解，力求让学员们一看就懂，有手就会操作。

直播前几天，我们每天都会按照一定的格式编写好朋友圈内容，让学员们可以照着操作，以节约时间。真诚换来的一定是真心。学员被我们的发心感动，主动牺牲休息的时间努力学习裂变知识，干劲满满。

在这样投入的过程中，每个人都能感受到自己的高能状态和生命力，体会到操盘手的成长和快乐。所以，比起干巴巴地给学员灌输"你要怎么做"的理论，不如把每个人都调动到"越近越喜"的状态中去，这样才能在实战中迅速提升能力和水平。

只有在实践中实现共赢，才能打造出有超强自驱力和主观能动性的发售团队。也是基于这些原因，我的小伙伴们不仅在一场场操盘中学到了拿得出手的技能，更积累了特别多的大咖"背书"。

比如，有人成了弘丹老师的新书增长顾问、私域营销顾问，有人成了刘 sir《定位高手》的增长顾问……

我的很多私教学员，已经可以独立接单传媒公司发售操盘、线下实体餐饮发售操盘、创始人发售操盘等。很多学员说："这不只是一次赚钱的机会，更是一次成长的旅程。"是的，这才是我想要的效果——不只是完成一次裂变，而是让每个参与者都有所收获，有所成长。

真正的卖爆，一定是先占领用户心智，然后攻城略地。

第四章

卖爆的核心之法——
五力模型

现在很多线下实体企业都在进行直播带货，但收效甚微。线上、线下看似只是一字之差，实际上存在着一道坚实的壁垒。也正是因为这道壁垒，让线上市场和传统企业有了互为"蓝海市场"的可能。

谁能最先破局，谁就能占领最大的地盘。

传统企业虽然有原始的线下积累，但与之对应的，是线上一整套链路的缺失。对于操盘手而言，为实体店操盘裂变虽然很难，但也有很大的发挥空间。

在跟线下实体企业接触的过程中，针对他们的特殊性，我从产品生命力的角度，破解了传统实体行业时间、地域引流的限制。通过操盘手的统筹协调，我整合了实体部门和操盘团队的能力，实现各方资源的最优配置。然后，我用文案架起了一座品牌与用户之间的桥梁，用裂变力作为实现产品快速传播与用户增长的强大引擎，建立起共赢机制，挖掘潜在的力量。最后，我利用发售力通过巧妙策划直播间大事件、搭建标准框架和把控直播节奏，将前期积累的势能转化为实际的销售成果。

在秦皇岛中秦兴龙投资控股有限公司（简称：中秦兴龙）的操盘中，我们用 1 个发售模型引爆万人分销，创造了千万元的业绩，为品牌方省了至少 300 万元的广告预算，我也受聘成为中秦兴龙的私域营销操盘手顾问。

2025 年年初，我又有幸受邀担任上市公司 Asia Training 集团（简称：AT 集团）的裂变操盘手。这次，我们直接签约了长达一年的深度合作，共同探索传统培训企业的自媒体转型之路。

从线上舒适区的发售操盘到推动线下集团企业的华丽转型，我总结了卖爆的核心技法——五力模型。

第一节
卖爆核心力之一：生命力

不管销售的打法有多少种，最基本的元素一定是产品。那么帮助对方设计、打造一份有生命力、有竞争力，可以持续引流、吸引客源的产品，就显得尤为重要。

换句话说，产品的生命力有多强，长尾效应发挥得有多久，是能否持续卖爆的基础。传统实体行业的引流品，多为自身的产品或是其他实体物品，成本高、生命周期较短，基本没有长尾效应。

能否帮助企业找到一个拥有生命力的引流品，成了一场营销活动是否能成功的关键。而比起线上，线下实体企业对引流品生命力的要求更为苛刻。

我们第一次操盘实体项目就是中秦兴龙，当时是要操盘发售元宵灯会的一系列产品，确定的引流品是门票。不同于过去我们发售的线上知识类产品或是线下课程有可以反复观看、学习的特质，这次的门票属于消耗型的一次性产品。

面对生命力这么短的产品，如何延长它的长尾效应，给它"续命"就成了眼前亟待解决的问题。

一、"续命"需要解决的第一个问题是，如何延长产品的生命

一场灯会的入场券，它的生命只有短短几天，最长的也就几个月。作为一个产品，它的生命真的是太短了。很多用户会因为时间问题而放弃购买，而我们也会因此失去一个让客户了解中秦兴龙的机会。

后来，我们和中秦兴龙一同协商出一套"延时"的方案。将小小的一张门票和中秦兴龙旗下的酒店、餐饮等产品结合，优惠套餐、家庭旅行套餐、储值卡等同步销售，打造出产品系列套餐。这个举措可以直接打破时间的限制，给予客户充足的时间和机会去参与活动。

于是，门票不再是小小的一张灯会入场券，而是整个集团产品的宣传单；灯会也由此变成大家认识企业品牌、认可企业服务的契机。即使灯会结束，用户仍然可以通过当时购买的套餐，继续享受到中秦兴龙的产品和服务。

二、"续命"需要解决的第二个问题是，如何打破门票的地域限制

门票，是一个活动或一个地区的入场资格，具有极强的地域特征。即使我们在集团线下各个连锁门店设置指引牌，同步联合发售，仍然难以突破地域困境。

最好的宣传平台，仍然是线上。因此，这场灯会必须要放到线上进行宣传，借助互联网广泛传播的优势，将这场只在北戴河地区举办的灯会，宣传到全国，让全国人民都能看到。

所以在地域限制的问题上，我们熟悉线上平台的优势得到了充分利用。

三、"续命"需要解决的第三个问题是，采用什么样的形式去激发产品的生命力

像以往举办灯会那样，中秦兴龙会联合其他商业品牌进行赠票活动。但这种赠票活动往往会附加各种条件，很容易引起大众的反感。

因此，在调研、做方案的时候，我们果断放弃了传统赠票的模式，而是选择用"短视频内容打榜"的形式宣传灯会。将每个宣传短视频设计当成参赛选手，让支持活动的网友加入其中，为自己喜欢的选手加油助威。

事实证明，这个方式极其成功，它不仅仅被广大网友看到，甚至还被媒体看到。当时那场结合了烟花秀和无人机表演的灯会，登上了中央电视台，成了秦皇岛的影响力事件。

这场灯会不仅帮中秦兴龙打破了地域宣传的限制，也让全国人民都听到了中秦兴龙的声音。

在流量为王的当下，每个 IP、企业都在争抢用户的注意力，各种宣传方式、手法层出不穷，所以用户的注意力越来越难以被精准抓住。

我总说书籍是最好的引流品，很重要的一个因素就是书籍自身的生命周期很长。道理相似，传统实体企业同样需要找到属于自己的引流品。或是一场出圈的宣传活动，或是一个品牌文化的口号，只要能够长长久久地存在，就能为企业带来源源不断的客源、持续不竭的流量。

而我们作为裂变操盘手，首先就是让对方发售的产品具有生命力。不要被固有思维所禁锢，跳出来，从生命力层次去做布局，很多问题就可以迎刃而解了。

在数字化转型的浪潮中，唯有创新为先、勇于突破，才能迎来新生。

这点在跟 AT 集团的合作上，也尤为明显。

我和 AT 集团的董事长几乎是一见如故，各种思路不谋而合。他们的宣言是：用生命影响生命，帮助更多的人实现幸福的人生。他们有能打的内容，而我有能打的线上裂变发售方法。

在跟他们交流的过程中，我想要达成的愿景，不是将裂变发售作为简单的营销工具，而是将它升级成连接线上与线下、融合个人品牌与组织力量的全新商业方法论。这是传统与当下的碰撞，这是目标与愿景的融合，这也是生命影响生命的实践。

第二节
卖爆核心力之二：统筹力

统筹协调能力可以说是操盘手最核心的能力。每次操盘发售，就相当于是我带着我的团队跟对方的团队进行一次次碰撞、融合、交锋、博弈，再到共赢。那么，一场发售除了考验操盘团队的情商能力、SOP 的细致程度，还有操盘手的统筹协调能力。

人与人之间的统筹协调、IP 品牌与活动之间的统筹协调，公域与私域之间的统筹协调，只要一个环节的衔接没有做好，最终的发售效果就会大打折扣。特别是对大型企业的发售而言，团队调性差异会更大，因此带来的统筹难度也是倍增的。

秉持"复杂的事情简单做，简单的事情重复做"的心法，我将整个发售活动细化成了六个应用框架：目标确定、方案设计、裂变周期、流程规划、节点把控及团队构建。

针对具体发售项目，化繁为简，逐一击破。

一、让目标升维一点，变成规划和战略

一支团队如果没有目标，就如同马拉松选手没有赛道一样。一场私域裂变发售，最终裂变了多少人、达成了多少业绩，只是数字化的结果，而不是最终目标。

如果只盯着当下一次发售的结果，很容易就会陷入"竭泽而渔"

的圈套中，给对方和自己带来的是短暂收益、长久阵痛。所以我们在制定目标时，一定要把眼光放得长远一些，把格局放得更大一些。

比如，在 AT 集团的发售中，AT 集团作为国内身心成长板块极具影响力的专业培训机构之一，它的线下转化率一直保持在 25% 的高水平，但线上领域却相对空缺。

那么，如何将优势赋能系统通过自媒体传递给更多的人，帮助更多的人，成了 AT 集团首要解决的问题。AT 集团本身已经拥有强大的内容体系和专业讲师团队，他们欠缺的其实是一套高效的线上运营机制。所以，我们签订的是 1~3 年的长期深度合作战略。

2025 年年初，我们通过操盘发售"619 爆款课程"裂变行动，举办了一场线上、线下融合的盛宴。

几天时间，线上裂变人数突破 9000 人，第一次转化完美落地。随后又无缝衔接了后续两个阶段的课程，二次转化成交了 200 单高客单价产品。双重链路转化实现了 20% 的转化率，这个线上转化率几乎可以与线下转化率相媲美了。当裂变操盘模型与优质内容结合，与传统业务融合后，带来的效能十分惊人。我们在完美操盘的同时，又针对线下项目做了额外的交付。

不管是之前的中秦兴龙，还是现在的 AT 集团，我们都在规定动作之外，额外针对他们的需求做了特别交付——给他们搭建了一套高效的线上运营机制。对中秦兴龙来说，我们操盘项目结束后，留给他们的就是一套可以自运转的线上流程。

对 AT 集团来说，我们在未来几年的合作中，这种针对企业发展状况"多做一点"的交付习惯会贯穿始终。

我给 AT 集团做的规划，就是深化裂变操盘与 AT 集团商业体系融合，打造 AT 集团的千人铁军线上矩阵，并进一步拓展小红书和 AI 获客等新型渠道，为 AT 集团构建更为立体的商业生态。

落实在统筹力上，其实就是在制定目标的时候升维，升维对接到对方当下深层需求的背后，升维对接到对方的核心痛点。授人以鱼的同时授人以渔，这才是真正意义上的双赢大格局。

二、让方案进阶一点，变成私人定制版本

我无数次强调的一句话就是：每个品牌都有每个品牌的调性，每一场发售都要依托品牌调性和实际情况来设计。每个品牌、每场发售都有属于它的专属方案。每个方案，都需要对品牌进行一场深入调研。

中秦兴龙发售时，我带领核心团队驻扎在集团内部，系统地了解了集团各部门的情况。我们体验了研学部的地震和消防演习活动，参观了高新恒温大楼里的豪车车轮供应链，体验了康养部的养老社区……

只有深度调研后，我们才能设计出更适合企业的发售方案。

在做 AT 集团项目交付的时候也是如此，深入了解企业的架构、理念、人员等情况，挖掘并利用他们内容上的优势，与先进的裂变发售操盘能力"嫁接"，才可以设计出适合他们的独属方案，才能够将优质内容快速触达用户，实现线下、线上双势能的叠加。

每一场发售的流程，看起来步骤是一样的，但每一场发售的方案，每个细节处都是不一样的。每一场裂变发售，实际上都是私人定制。发售能成，靠的就是方案的落地可行、具体实操。

三、让团队更强一点，会选人更要会用人

一个能打仗的将军，要知人善任，知道手下的兵放在什么位置上最能发挥能力。发售也一样，团队人员的分工是最重要却又最容易被大家忽视。

　　发售不是一个萝卜一个坑，随便往坑里种萝卜的事情，而是要考虑到每位人员的能力和工作是否适合。每一场发售都是学员学习的场所。因此，我们还需要兼顾学员的成长、激发团队的活力等。

　　在 AT 集团的活动中，有一位伙伴给我留下了深刻的印象。

　　他是一名工程师，平时就是在线下讲课，对线上运营几乎一无所知。但是这次参加活动，他不仅主动申请当队长，还在活动中爆发出惊人的潜力。其实在他申请当队长时，我有些犹豫，担心他步子迈得太大，给他带来太大的压力，但最终我还是同意了。他一边学习，一边突破困难，激发团队士气，最终带领团队冲进了前三。

　　这不就是"生命影响生命"的具象化吗？

　　经常有人问我："雨麒，他刚上完课就参加重要的发售，能行吗？""能行。"除了是出于对学员的信任，更是"以战养学"理念的体现。

　　参加实战，一方面可以将理论和实践相结合，学以致用，查缺补漏；另一方面也可以快速拿到战果，从"小白"成长为成熟的操盘手。

　　要成为一个好的统筹者，既要有全局观，懂得资源调度，更要学会认知融合，带领团队往同一个方向努力。裂变操盘最大的价值就是不仅能够创造业绩增长，还能够激发每一位参与者的潜能。这种成人达己的感受对双方而言都是激励和滋养。

　　所以，统筹力最大的支撑就是人所构成的团队，试着去做一个能够激发和引领团队小伙伴的裂变操盘手吧！

第三节

卖爆核心力之三：文案力

利用文案内容，打造穿越生命周期的超级 IP。

经历了很多次发售活动后，我发现很多企业老板都忽视了文案的作用。其实，朋友圈文案就是整个发售活动的基础。它是你发售的垫脚石，更是你发出的第一张多米诺骨牌。

用户被吸引进私域，第一件想做的事情就是想了解 IP 品牌，了解产品内容，对他们而言，最便捷的方式就是看朋友圈。朋友圈的文案，是我们同用户的第一次对话，这种对话绝不是随心所欲地畅谈，而是要有目的性地留住用户，成为 IP 品牌的粉丝。

一篇好的文案，价值百万元！但即便了解了文案的重要性，我们有时候却依然写不出理想的好文案。

我常常见到很多人为一场发售，为朋友圈的宣发文案苦思冥想，期待着脑中灵光乍现。他们都走进了一个误区，认为文案要完全依靠灵感。其实并不是，写文案是有一整套策略和方法的。

一、好的文案不是凭空捏造的，而是依托品牌策略产生的

太多人写文案，只专注于用词的好坏，修辞的优劣，力求写出一篇文采卓越的文案。他们会纠结于一两个字用得是否恰当，一个

标点符号是否会影响语气，但这都是舍本逐末的做法。文案的根本是策略。

有人这么形容策略和文案的关系：策略，是文案的先导；文案，是策略的先声。再好的策略都需要文案去体现，再好的文案也不能脱离策略。

在为中秦兴龙、AT 集团及其他品牌企业操盘发售时，在每场直播前，我们团队都会和主播反复沟通话术，不能让直播的方向脱离活动策略，跑错方向。不管是朋友圈文案，还是公众号图文、社群话术、销售信等，从头到尾所有贯穿 IP 发售始终的内容，都是我们把控的重点。

我们的内容官会提前准备所有文案内容，一步步调动用户情绪，配合发售促进成交。归根结底，能够"卖爆"的文案一定是跟品牌战略和用户画像紧密相关的。

二、好的文案不能只重文采，而要体现品牌的调性与诚意

文案并非简单的叫卖式推销，而是通过精准的表达和情感共鸣，唤起目标用户的心智，让他们将注意力聚焦到我们想要发售的 IP 上。

很多人误以为要想写好文案必须得有好文采，多用一些华丽的辞藻。虽然这种辞藻确实能吸引用户的注意力，但最终的成交效果往往不尽如人意。问题就出在文案的调性与品牌不符，造成了割裂感。

实际上，好文案绝非堆砌辞藻，首要原则是"说人话"，越直白，越朴素就越能打动人心。而所谓文案的调性，就是营造一种氛围，去触动它的目标用户。这些都需要通过文案字、词、句的内容，以及字句中所使用的语气来实现。

中秦兴龙的发售活动，依托于新春游园会，所以，我们设计的

文案就要充满欢快的气氛，用词造句要轻松愉悦。AT 集团主课程为家庭教育赋能，为他们设计的文案整体上就要积极向上，能带给用户能量和希望。知识类 IP，文案就不能太浮夸；活动类产品，文案就不能太低沉。

文案可以帮企业建立起与用户的熟悉感，让它与企业品牌产生联系，是企业品牌调性的展现。文案不是品牌调性的决策者，而是品牌调性的稳固者。

我常常说的"人书品合一"，就是这个道理。

三、好的文案不是全面覆盖，而是专攻品牌的单一诉求点

文案的终极目的是销售品牌产品，但每篇文案扮演的角色不同，作用自然也不同。

有的文案是向用户介绍产品内容，有的文案是建立产品与用户黏性，有的文案是为建立品牌和 IP 的人设。

文案可以传播信息，让用户知道 IP、企业是干什么的或是提供什么产品。如果一段文案的信息太多，用户反而不知道重点在哪里。每个环节的文案都有其要达成的目的。

成功的文案，一般都只有一个单一的诉求点，或立人设，或介绍产品。然后围绕着这个诉求点，引用金句、名言、名人故事，有时还会借用社会热点，让一篇文案涵盖大量的信息，却不喧宾夺主，掩盖诉求点。

文案的背后是人性，人性的背后是唤醒。文案要懂人性，要有口语化的对话感，要学会用剧本式的朋友圈讲故事。

在写文案的过程中要锻炼洞察能力，用布局的思维，逐渐唤醒用户潜藏在内心的需求，最终达成成交。

第四节
卖爆核心力之四：裂变力

我操盘过无数场私域裂变发售，每次裂变的结果都是百倍数量级的。短短几天的时间，由 200 人裂变到 20000 人，由 300 人裂变到 27000 人，这样的裂变结果，可能是传统的实体企业一年才能达成的。

无数人问过我："雨麒，你是怎么做到的？"

也有很多人好奇："为什么同样的模式，在我手里能出奇迹，在别人手里却不行？"

即便是我的学员，他们对这一点也是带有强烈的好奇心的。

有人成了队长，在众多队长中拿到了第一名，获得了丰厚的奖金和广泛的认可。但也有不少人，付出了努力却没有得到想要的结果。

这不是运气，不是资源，更不是简单的技巧问题。这是底层逻辑的差异。

我一直坚信：以道驭术，方得始终；以人为本，事在人后。特别是在招募裂变人员时，我常常思考的一个问题是：为什么他要来给你做裂变？

在这个世界上，没有人会无缘无故地、不求回报地去帮助一个人，特别是在商业场上。有人可能会觉得：雨麒，你这么想太现实了，这样不好。但是，正因为我对人性的精准把握，所以我才更懂得——人大都是追求利益回报的。

想要让他人真心实意地来做裂变，就一定要有相等的价值作为交换。

一、建立共赢机制，让参与者感受到价值

共赢，简单来说是合作双方彼此之间互惠互利，对双方都有好处。商业谈判桌上，需要双方共赢才能达成合作意向。同样的道理，也可以用在私域裂变发售上。

在为中秦兴龙操盘的"短视频打榜活动"中，我将以往的线上分销系统运用到这次的发售中，并且运用私域营销的体系指导员工做分销，调动集团内部每一名员工，让他们成为项目分销员。然而，员工平时的工作已经很忙了，他们还能分出精力做分销吗？答案是：会。

我把分销模型设计成分红模式，所有售出产品的人员都可以获得分红。这样，原本的市场营销单一部门的发售行为，就变成了全集团公司的集体行动。让集团的利益、荣誉感与每个人切身相关，这不仅仅能调动起集团员工的积极性，还能激发员工的家人、亲朋的积极性。

当我把私域营销的做法传达到每个参与裂变的人员后，因为有效激励，大家参与的热情高涨，就这样形成了全民分销的氛围。当所有的人都在一条船上，大家必定会为了同一目标共同努力。

二、团结可以团结的力量，用组织协同力赚钱

参与裂变的人员从来不应该指定在某一类人员，而是需要放开思维，关注身边每一个有可能参与其中的人。在操盘了许多场发售活动后，我注意到很多的企业老板，都忽视了员工在裂变环节中带来的力量。

在传统的观念中，员工只是为企业打工。他们的本职工作只是把活动环节安排合理，并且组织好。在一场活动中，每个部门、每一名员工只需要完成其本职工作，不用参与其他活动。恰恰正是因为这样的思维，让企业失去了一批现成的支持者、销售铁军。

当初我要将中秦兴龙员工培养成分销人员时，很多人表示怀疑。事实上，他们比起其他裂变手更熟悉活动流程，而他们从员工转变成了"背书"人，用户的信任感会倍增。

在裂变环节，一定要充分考虑身边一切可以成为分销人员的人。

三、同样的目标，不一样的玩法

操盘手不是做简单的复制，而是要会成交，会优化方案，有随机应变的能力，要有导演思维和全局观。针对不同类型的 IP、企业，裂变的思路也是完全不同的。

如果是干货社群，我们就可以在分享完干货后释放信号，让群友开始裂变。如这次为 AT 集团操盘，我们就在社群中适当地分享一些干货，让群友觉得很有价值，达到他们愿意裂变的意愿。

如果是产品社群，可以释放优惠信息，如卖苹果，可以设计为邀请 5 人进群就可以 1 元钱兑换 1 斤苹果。如果是活动社群，可以设计为参加活动的人，就给出相应的奖励。比如，我们做中秦兴龙的灯会的活动时，就是以每个社群短视频打榜的结果，给出相应的奖励。如果是直播社群，可以设计生成自己的预约海报，通过邀请人数排名来给予相应的奖励，扩大直播的影响力。

裂变的本质，就是让参与其中的人，能够发挥出最强的势能，人传人、人带人，最终实现指数级的裂变结果。

第五节

卖爆核心力之五：发售力

发售力是实现产品成功发售的关键。它通过公域精准击穿用户心智，用私域高客单价产品获得客户。前期的准备工作，如市场调研、用户定位、内容策划等，都是为了激活私域，为最终的发售打下坚实的基础。这个准备过程是公域和私域相结合的体现，也是 IP 势能逐步形成的过程。最终，整个裂变发售项目的成果将在直播发售环节中得到体现。

直播，拉近了传统企业与用户之间的关系，让企业不再高高在上，充满神秘感。用户对产品有任何的疑问或是顾虑，主播都能够第一时间讲解清楚，让用户放心、提高下单意愿。

在为 AT 集团做操盘直播时，每个关键节点都能收获捷报：2 月 3 日，活动开始，会议室 500 个名额半小时内满员；2 月 4 日，会议室 500 个名额再次满员；2 月 6 日，会议室升级到 1000 个名额仍旧爆满；2 月 7 日，1 个半小时直播，成交 100 多单；截至公开课直播结束，7231 元的课程成交了将近 200 单。其中一位老师 3 天的公开课，线上的转化率接近 20%。

取得这样的成绩，除了前期我们积蓄了足够的力量外，更多的是因为我们懂得如何发力。

一、策划直播间大事件，吸引用户关注

如何将用户吸引进直播间，成了在直播前开始考虑的问题。

我给出的答案是：策划营销直播的大事件。人人都有好奇心。只要策划的事件足够吸引人，就不愁直播间里没有人。

首先，筛选目标用户。

做发售，第一步就是要筛选出自己的用户，做好用户画像。有了用户画像，我们就可以针对用户的喜好、需求，设计直播的大事件。传统实体产业可以靠优惠的产品组合与企业活动相结合。

为中秦兴龙设计直播时，我特意针对参加打榜活动的用户，设计了专门的福利产品。任何时候，任何方案的宗旨都是服务用户。偏离用户需求，就如同脱轨的火车，永远不会到达目的地。

其次，打造超值的印象。

我们的目的是吸引用户、留住用户，最终引导用户购买产品。而留住用户的最好方式，是给用户一种产品物超所值的印象，从而让用户在各种超值产品组合中进行选择。

知识类产品，除了用自己专攻的领域、取得的各项成绩做引流外，也可以适当地讲一些核心内容，用以提升直播间的含金量，增强用户的黏性和好感。

二、搭建执行标准的框架，做好准备工作

直播室，是整场裂变发售的战场。直播的效果，直接影响用户对企业的印象，对产品的认可程度。直播的结果，将影响整个私域的转化和销售业绩。

建立一场发售的标准化 SOP 的流程，让每一步操作都有章可循，高效执行。标准化流程会让你不再手忙脚乱，从容地应对每一个发售环节。

首先，要准备第二套备用方案。

直播环节，任何情况都可能会发生。除了依靠主播的临场反应外，还应该提前做好应对措施。而最好的应对措施，就是针对每个关键环节，针对每个有可能出现的问题，制定第二套备用方案。

一旦问题发生时，就能及时应对。一个能够从容淡定地解决问题的主播，肯定比惊慌失措的主播更能取得用户信任。

其次，准备充足的物料。

直播间搭建得越专业，用户停留的时间越长，对企业的信任度也越高。主播的人设、分工，画面前、中、后的布局，产品展示区、灯光、背景、设备、道具的设置都要仔细检查。要知道，每一个小环节出现问题时，都会影响到直播的效果。

三、做好直播节奏的把控，踢好临门一脚

直播间里的脚本和成交话术是需要提前演练的，主播需要提升自己的共情能力和情绪感染能力。在直播过程中，要充分考虑用户心态，把控好直播节奏。

如果讲产品时观看人较多，就一定要多讲一些成交案例，刺激成交。如果用户开始掉线，就要快速调整策略。

比如，已经连续直播 2 个小时了，这时候主播和用户都已经开始出现疲惫的状态。我们就需要迅速调整策略，通过讲故事、发福利等形式，重新调动用户的情绪。只有用户的情绪被调动了，他们才会有成交的意愿。

所谓发售成交，说白了其实就是调动用户的情绪，并通过话术精准下达指令。

总之，发售力在整个产品营销体系中，犹如临门一脚，承载着将前期所有努力转化为实际销售成果的重任。其核心就在于巧妙运

用公域与私域资源，击穿用户心智，并实现高客单价获客。

在竞争激烈的市场环境下，只有掌握发售力这一关键引擎，才能够助力企业成功引爆销售，实现利润的飞跃。

第五章

顶流 IP 的卖爆秘诀

　　"卖爆"是离钱最近的动作。毫无疑问,每个变现能力很强的大咖,一定是一个很"会卖"的人。在这一章中,我们就聚集了一些在行业内拿到了可观成果的人,一起来看一下他们"卖爆"的秘诀。

　　肖厂长,是一名连续创业者和私域发售实战专家,有着极其敏锐的市场洞察力。从最初超级卷的"赚钱机器",挖掘到创业的第一桶金,到后来急流勇退,回归"一人公司"。他通过"AI+ 他域获客 + 私域裂变"的创新模式,不仅实现了自身私域资产的快速增长,还帮助众多细分领域的顶流 IP 成功发售,实现了惊人的变现。而他关于"幸福感创业"的追求,也让我们看到了商业、家庭、自我价值三者相融合的可能性。

　　吴思晓,湃青年与心湃智能创始人,在 AI 领域的探索令人瞩目。从线下深耕大企业服务,到线上知识 IP 裂变发售的大胆尝试,她带领着一支看似"杂牌军"的团队,在 AI 赛道上闯出了一片天地。她通过将 AI 技术与裂变增长相结合,打造了全新的知识 IP 增长模式,实现了低成本、高效率、轻人工、强裂变的发售成果。她总结出知识 IP 爆发的三大密码,即从工具思维到系统思维、从内容为王到体验为王、从单点突破到全链路优化,为知识 IP 创作者提供了宝贵的经验,也让我们看到了 AI 技术在知识产业中巨大的应用潜力。

　　笛子姐,日不落集团的创始人,以其令人瞩目的海外营收成绩和丰富的出版经历,为我们打开了一扇通往全球商业的大门。她提出的"卖爆无国界"理念,以及分享的低风险、高杠杆出海思路,如每天 5 分钟获取大量海外流量、开发全球华人高客单群体、知识付费出海等,让我们深刻地认识到在全球化时代,出海不再是遥不可及的梦想，而是可以为当下业务带来巨大增长的"外挂"。她的经验告诉我们：拓宽视野，把握全球市场机遇，能够为企业和个人创造无限可能。

张一凡，自媒体事件营销赛道的开创者，他从人生低谷中奋起，凭借"事件营销，创意为王"的理念，策划了一系列经典案例，为品牌营销带来百亿免费流量。他的经历充满了挫折与挑战，但也展现了坚韧不拔的创业精神。而跟我的合作，更是让他在私域营销方面取得了突破，他深刻体会到了操盘的本质是生命影响生命。他说，创意和创新，是打破困境、实现突破的路径，跟其他大咖的联合，更是破局的关键所在。

亚洲培训集团的嘉怡，历经 21 年风雨，在教育领域不断深耕。早期通过线下课程取得显著成绩，单品课程年度开课上百场，平均每场 300~500 人，年度峰会达 2000 人。2020 年后，嘉怡迅速将线下课程转型为线上课程，借助全国 30 多个城市分公司及几千名渠道商的力量，实现业绩逆势增长。

大咖们的成功，绝非偶然。试着跟随他们的脚步，沉浸式感知其创业历程，找到自己的"卖爆"之路吧！

肖厂长
AI+ 他域获客 + 私域裂变，走在"卖爆"前沿

我是肖厂长，一名连续创业者，私域发售实战专家，也是一名创始人 IP，星辰教育创始人兼 CEO，恒星私董会发起人。

创业 10 年，我从 300 个好友起步，做到拥有 3025 万用户的私域资产，其中有 25 万个用户都是精准的、高净值的创始人和企业家人群。

一方面，我把自己在私域发售领域"卖爆"的经验、方法、执行 SOP，复制给各个细分领域的顶流 IP，帮他们做发售操盘，让他们也能在短时间内变现几百万元、上千万元。另一方面，我会通过闭门会、线下大课等方式，把最新的实战经验和打法，教给我的私董。

第一项业务，按成果付费，平均收费 100 多万元。第二项业务，目前在册的恒星私董，已突破了 1300 人。

有人对我说："厂长，你对市场的敏锐度好像特别高，总是能第一时间抓住趋势、快速落地。"

是的，创业这些年，我最大的感触就是——只有拥抱趋势，才能立于不败之地。

我的标签是"一人公司"。在做"一人公司"之前，我是一名超级卷的"赚钱机器"。

26 岁的我拿到了经纬中国和腾讯众创空间的 3300 元万 A 轮融资。

我紧抓趋势，深耕在线教育，与近百个英语IP合作，连续推出了多个品牌。如"轻课""英语麦克风""极光单词""潘多拉英语""达·芬奇好课""清新冥想"等，每天累计有100万付费用户学习，一年卖出6亿元。

我全年无休，逐步构建起600人全职的商业"准独角兽"体系。

我当上了人人羡慕的CEO，可是我并没有就此走上人生巅峰。表面风光的背后，只有自己知道，我很痛苦，好像失去了工作以外的所有东西，笼罩我的只有高成本、高风险、低利润，以及随时可能到来的失控。

于是，在百般焦灼过后，我做出了一个艰难而又重要的决定：急流勇退。

2020~2022年，我付了8000万元的天价"分手费"给员工、股东、投资人和供应商，以近乎"解散公司"的方式，关停了公司绝大部分项目，回归做"一人公司"，围绕高客单、私域和发售，做全案操盘。

我通过"超级联盟+超级发售"的行业新打法，筛选出了大量的优质IP，组建了恒星IP联盟，在流量、成交和交付上实现共创和互补。

通过"发售大事件"，我在各个精准细分领域实现饱和式覆盖和超高转化。2023年，我带着20人的小团队，不靠投放、不靠融资，以超高利润率、超高人效，完成了1年7000万元的变现。

出版领域的刘sir、小红书上拥有30多万粉丝博主璐璐、抖音商业直播间头部陈晶、品牌私域头部公司蓝鲸CEO高海波、大蓝的幕后操盘手CC、DISC+社群联合创始人李海峰、销讲界头部周宇霖……他们都通过与我们的合作发售，实现了IP的破圈和集中变现，在目标人群中实现了"卖爆"。

什么叫"卖爆"？

例如，我和李海峰老师合作推出的"海峰贵友联盟"，单次发售单月销售额 1325 万元；周宇霖的"销讲兵法"系列课程，线上发售＋线下会销，总 GMV 2162 万元。虽然公司的营收与之前相比减少了近 90%，但我的创业幸福感提升了不止百倍。

我不再失眠、焦虑，每天可以睡到自然醒，公司团队小、负担小，而营收高、人效高、利润高、壁垒高。每年我都有 3~4 个月的时间去自驾游、旅居办公，而我也从一个单身汉，拥有了一个美满幸福的家庭，有了一个白白胖胖的宝宝。

我的身上有创业者共有的特质：壮士断腕的勇气、大刀阔斧的魄力、纸上雕花的细致。

但更重要的是，我其实非常善于把握趋势。5 年前的急流勇退，一方面是因为不想把自己活成机器，另一方面也是因为我看到了"小而美商业模式"的潜能。2 年前，我探索出"联盟＋发售"的打法，是因为我看到了大多数 IP 创业者的困境。1 年前，我笃定"幸福感创业"的理念，做"一人公司"，是因为我看到了每个 IP 创业者最终的归宿。

此外，在大多数人还没意识到出书的重要性的时候，我已经以 1 年出版 1 本书的速度精准获取流量。

《肖逸群的创业手记》《超级个体》《私域资产》《请停止无效社交》《幸福感创业》等，这些对标精准受众且干货十足的书籍，在很大程度上帮助我建立了专家人设、获得了用户信任、促进了成交。

当全网还在讨论 AI 会对哪些行业造成影响的时候，我已经第一时间出版了《AI 超级个体》，还把 AI 用到了我的发售之中。

2025 年 3 月 2 日，我的开年演讲，场观突破了 100 万人，同时在线 1.9 万人，而这场演讲所有获取流量的预告短视频，从脚本到音频，再到数字人，全部是 AI 产出的。这场演讲打头阵，也开启了我的 8 天年度发售。

这次，我特意聘请雨麒作为裂变增长总顾问，在雨麒的带领下，我们通过 3 场直播，一口气招募了 300 位裂变实战营队员，7 天后，这 300 人不断裂变，搭配私域宣发，最终实现 30320 人进群。

而整个裂变过程中，我们没有动用一个人去写文案，全部是由 AI 智能体来生成文案，这彻底打破了原本靠人工去输出的时间、精力和效率的限制。

很多人会惧怕 AI 的发展，觉得它会替代很多岗位。客观来看确实如此，但我坚信，能被替代掉的，一定是不能拥抱趋势的人。在发售领域，AI 的进步只会让发售的效率更高、更自动化、更智能、更轻松。

在 IP 领域同样如此。随着 AI 的应用场景越来越广，它能够辅助我们的地方也会越来越多。对于市场和科技的发展，每个 IP 创业者应该做的是拥抱、接纳和融合。这种"拥抱趋势"的思维，对每一个 IP 创业者来说都无比重要。

雨麒在这点上做得非常好。我刚认识她的时候，她刚刚起步，但是后面的每一步，她都精准地站在了趋势上。《序列发售》让她站稳了裂变霸主的地位；"一品千万"共创项目让她凝结大咖，打造了现象级发售事件。

雨麒很突出的一个特点就是，能够及时察觉到风向的转换，敏感地抓住用户背后的真实需求，并且迅速调整策略，承接落地，这点真的非常难得。

如果讲"卖爆"，我有私域销售转直播的"屠龙术"，有朋友圈"躺着"成交的"太极拳"等。但思来想去，关于这次雨麒操盘的"AI+裂变"，我最想跟大家分享的，还是"拥抱趋势"的战略思维。

今天 AI 崛起，明天可能是别的东西崛起，但问题的本质，是要回到每个 IP 创始人自己身上。

　　我们要学会在纷杂中抽丝剥茧，找到核心，试着在无数选择中找到最优解，让所有趋势和技能，都精准地放到自己的 IP 发展上，这样就能立于不败之地。

肖厂长

- 星辰教育创始人CEO
- 10年做了拥有3025万用户的私域
- 公司累计营收超过10亿元
- 付8000万元"分手费"解散公司
- 践行"一人公司"创业理念

吴思晓
AI+ 裂变，知识 IP 增长的新密码

我是吴思晓，湃青年与心湃智能创始人。通过 AI 咨询与培训，用了 18 个月的时间迅速拥有全国 3 万多名企业家和创始人学员，陪伴 20 多家上市公司和 500 强企业开启 AI 落地实战。

短短时间内我从零做到了行业头部，成为钉钉 TOP3 的 AI 咨询与培训服务商。取得这样的成绩，看似顺风顺水，但实际上充满了坎坷。

从线下深耕大企业服务，到 2025 年春节后，首次尝试线上裂变发售，我走的每一步都像是在黑暗中探索未知的道路。

父亲生前常说的一句话：人生的光芒不在于安于现状，而在于敢于破局。这成了我人生的座右铭。

在这个万物互联的时代，我深刻地体会到：真正的稳定，从来不是守住现状，而是拥抱变化。而 AI+ 裂变，正是我拥抱变化后发现的新商业密码。

一、从线下深耕到线上破圈：一个 AI 导师的蜕变

2023 年年初，当我决定全力投入 AI 赛道时，市场上还未有成熟的 AI 商业落地课程。而我，带领着一支被称为"杂牌军"的团队，闯入这条赛道。

商务负责人曾是旅行博主，提示词工程师原是图书编辑，百万级的销冠只是一个做了多年社群的运营专员。但正是这群来自各行各业的"跨界者"，让我们在 18 个月内进入了行业第一梯队。

我们走过 19 个城市，服务了安踏、特步、柒牌、百威、九牧等头部企业。每次培训，我都能看到老板们恍然大悟的神情。

有一次，一位外贸老板参加了我们的 AI 绘画培训。他正苦于自己不会 PS，而设计师也理解不了他的创意。培训结束当天，他就用 AI 绘画设计出一系列产品概念图，其中一个创意直接打动了美国沃尔玛，获得了 500 万元的订单额。

渐渐地，我发现线下服务虽然深度强，宣传规模却存在局限。很多有需要的创业者和企业家因为不知道某款产品的存在，从而错失了创业良机。

为了帮助更多创业者，我做了一个大胆的决定：进军线上领域，尝试知识 IP 的裂变发售。我虽然不擅长线上流量运营，但这是必经之路。

很幸运，一个偶然的机会让我认识了雨麒老师。她在知识 IP 裂变领域的成就令人敬佩，而我在 AI 实战方面的积累也引起了她的兴趣。我们聊了整整 4 个小时，当我分享如何用 AI 重构商业流程时，她的眼睛闪闪发光；而当她讲解裂变增长的底层逻辑时，我也如获至宝。

那一刻，我们都意识到：AI 技术与裂变增长的结合，将会催生一个全新的知识 IP 增长模式。

二、AI+ 裂变：一次颠覆性的知识 IP 发售实验

在雨麒老师的鼓励下，我们开始了一次大胆的实验：用 AI 智能体作为裂变发售的核心引擎，打造一个低成本、高效率、轻人工、

强裂变的全新打法。

传统的知识IP裂变发售就像是一场配合默契的交响乐，需要大量"乐手"各司其职：社群运营负责活跃氛围，内容创作者负责输出价值，销售顾问负责私聊转化……每一环节都需要专业人才全身心地投入。

而对于首次尝试线上发售的我们来说，组建这样一支专业团队不仅耗时耗力，还需要大量的资金投入。就在我陷入两难之际，一个大胆的想法闪现在我的脑海里：既然我们是AI专家，为什么不让AI来解决这个问题呢？

我们决定另辟蹊径：搭建一个专属的AI智能体系统，将它作为我们裂变发售的"生产力主力"。

这个AI智能体系统由三部分组成。

知识库智能体：将我的AI商业落地实战经验和雨麒老师的裂变增长方法论，全部输入到智能体的知识库中，让它能够精准地回答潜在学员的各种疑问。

社群运营智能体：它负责每天在社群中发布有价值的内容，引导讨论，收集反馈。它甚至能根据群内氛围调整互动策略——当群里讨论热烈时，它会适当隐身；当群里的氛围沉闷时，它又会主动抛出话题来活跃气氛。

私聊转化智能体：这是最关键的一环。它能够通过微信私聊与潜在学员建立连接，了解学员需求，为学员解答疑惑，最终促成转化。更神奇的是，它能够识别出不同性格类型的潜在学员，并采用相应的沟通策略。

搭建这套系统绝非易事。我们花了整整两周时间，反复调试智能体的提示词，优化知识库结构，设计对话流程。期间，我们攻克了一个又一个的技术难题。

发售当天，我们的 AI 智能体系统同时服务了近 500 位潜在学员，每天自动生成上百条朋友圈内容，在社群中保持高频互动，私聊转化率达到了惊人的 35%。

最终，这次发售取得了超出预期的成绩：3 天内成交额突破百万元，转化率比行业平均水平高出 40%，而人力成本却只有传统模式的 1/5。

当最后一笔订单成交的那一刻，我和雨麒老师相视而笑。我们不仅仅是完成了一次成功的发售，更是开创了知识 IP 增长的全新模式。

三、知识 IP 爆发的三个密码

通过这次"AI+ 裂变"的实验，我总结出了知识 IP 爆发的三个密码。

（一）从工具思维到系统思维

大多数知识 IP 创作者都把 AI 仅仅当作一个提高效率的工具，如用 ChatGPT 写文案，用 Midjourney 生成图片，用剪映智能剪视频……

这样的思维在初期确实能提升效率，但很快就会遇到瓶颈。真正的突破在于构建一个完整的 AI 智能体系统，让不同的智能体协同工作，形成闭环。

在我们的发售中，知识库智能体、社群运营智能体和私聊转化智能体不是孤立存在的，而是一个有机整体，它们共享数据、相互配合，最终形成了一个自动化的裂变增长引擎。

（二）从内容为王到体验为王

在信息过载的时代，仅有的优质内容，已经不足以让知识 IP 脱颖而出。用户真正在意的是全流程的体验感。AI 智能体最大的优势在于它可以提供"千人千面"的个性化服务。

在我们的发售中，每位潜在学员都能得到智能体的专属回应，它会根据对话历史和用户特点，调整沟通策略和内容推荐。

有一位学员告诉我："那个客服太神了，仿佛能读懂我的心思，我本来只是随便问问，结果越聊越投入，最后就忍不住下单了。"

这种极致个性化的体验，是传统人力团队难以大规模实现的。

（三）从单点突破到全链路优化

许多知识 IP 的创作者在裂变发售中只关注某个环节的优化：要么专注于引流，要么专注于转化，要么专注于复购。实际上，三者同样重要。真正的爆发式增长来自全链路的系统性优化。

AI 智能体最强大的地方在于它可以同时优化多个环节：能通过数据分析，找出引流的最佳渠道；能通过对话，挖掘用户的真实需求；能通过持续互动，提高转化率和复购率。更重要的是，它能从每一次互动中学习和进化，让整个系统越来越智能。

在我们的发售中，AI 智能体每天会生成一份详细报告，分析当天的转化数据、用户反馈和热点问题。

我们根据这些报告不断调整策略，优化流程。到发售的第三天，我们的转化率比第一天提高了近 20%。

四、用 AI 重写你的知识 IP

回望这段从线下深耕到线上破圈的旅程，我最大的感悟是：在这个 AI 时代，知识 IP 的竞争不再是单纯的内容之争，而是智能化运营能力之争。

5 年前，我陪伴父亲抗癌时，为了支付高昂的医疗费，我白天全力以赴做好主业，晚上和周末接外包项目，每天只睡三四个小时。那时的我，做梦也想不到有一天 AI 智能体能替我完成大部分工作，让我有更多的时间陪伴家人。

科技的进步不仅改变了商业模式，更改变了我们的生活方式。

每一个知识 IP 创作者都应该问问自己：我的知识体系是否足够系统化，能否被 AI 智能体准确理解和表达？我的用户旅程是否足够清晰，能否被 AI 智能体精准引导和优化？我的增长策略是否足够灵活，能否通过 AI 智能体实现自动化迭代？

如果你的答案是肯定的，那么恭喜你，你已经站在了知识 IP 增长的新起点上。

在此，要感谢雨麒老师带我进入知识 IP 的世界，让我有机会将 AI 技术与裂变增长相结合，创造出这个全新的商业模式。也感谢每一位信任我们的学员，是你们的反馈和支持，让我有勇气不断探索和创新。

2025 年，我们正式推出"AI+ 裂变增长密训营"，致力于帮助更多知识 IP 创作者实现低成本、高效率、轻人工、强裂变的增长突破。

我坚信，在这个风起云涌的 AI 时代，掌握"AI+ 裂变"的创作者，才能真正实现知识 IP 的指数级增长。

如果你也想让 AI 成为你知识 IP 增长的第二引擎，欢迎加入我们的行列。让我们一起用 AI 重写知识产业的增长新篇章吧！

吴思晓

- 湃青年教育科技和心湃智能创始人
- 安踏、九牧、百威等世界500强AI特聘专家
- 服务过的企业年GMV总值过千亿元

笛子姐
"卖爆"无国界，享誉全世界

我是笛子姐，我用3年的时间完成了10亿元的海外营收，是日不落集团的创始人。

截至2024年12月，我已经出版了多本畅销书，包括《TikTok爆款攻略：跨境电商的流量玩法与赚钱逻辑》《拆商：解决你人生99%的难题》《拥抱蓝海》《恒星闪耀》和一部在美国出版的全英文电子书籍《*BillionAIre TikTokers' Playbook*》。其中，《TikTok爆款攻略：跨境电商的流量玩法与赚钱逻辑》为国内首本TikTok行业的出版物，也是让我登上第十届当当网影响力作家宝座的作品。*BillionAIre TikTokers' Playbook*作为全球首本介绍TikTok的教材，每本定价200美元，在全球受到追捧。

我有幸和雨麒老师一起合作过多次，我们既是好朋友，又是重要的合作伙伴。我对雨麒说：从今以后，我就叫你"裂变女王"。

我们有一个重要的共识：这是一个多维竞争的时代，想要"卖爆"，不仅要有好的产品、独到的营销方法、强大的表达能力、高维的格局和智慧，还需要打开我们的视野。也就是说，我们不仅需要埋头苦干，还需要抬头看这个世界，在更大的天地里找到更好的发力点。

近几年，"出海"话题的热度越来越高，很多人会误以为出海=跨境电商，因此觉得出海离自己很远。但跨境电商只是出海商业里面一个小的组成部分而已。

无论你会不会英语，你的产品、服务、项目招商、知识付费课程、供应链等，都有机会在整个海外商业体系里面占领一席之地。

我基于自己公司的业务布局，建立了一个集品牌出海、跨境电商、外贸、海外招商、海外线下、全球华人为一体的全球商业生态。

也就是说，现在的出海，已经不再是你抛弃当下业务，去重新创业，而是直接将出海作为你当下业务的一个"外挂"，让海外市场放大你当下的业务。那究竟有哪些出海机会值得抓住呢？

在这里，我跟你分享 3 个低风险、高杠杆的出海思路。

一、每天 5 分钟，轻松获取大量海外流量

在国内，对于公域流量，我们都有很强烈的感觉：不管是抖音还是视频号，每天都会有很多优质的内容出现。但如果你去海外的社交媒体上看，会有不同的感觉。国外的内容，尤其是视频平台，内容相对粗糙，不像国内这么"卷"，这么精致。

而这，恰恰可以成为我们用最小的成本，撬动最多海外流量的优势，只是很多人并不知道。

很多人花了很多时间精力进行内容创作。有的是个人 IP，有的是拍摄产品，还有的做艺术创作等。然而国内的竞争异常激烈，每天会有 1 亿左右的作品上传到抖音，去"瓜分"7 亿~8 亿的用户流量。

很多人会遇到一个难题：花了很多时间、精力和钱，也不能确定能不能跑出来。因此，很多人会将自己的内容同步发到抖音、小红书、视频号、快手、B 站等多个平台。

但是，如果你将做好的内容也同步发在海外的社交媒体平台上，无非是多花了 5 分钟，多发了几个类似于小红书这样的平台。你获取的流量，可能是国内无法比拟的。

目前，我的团队经过千锤百炼，可以用7天时间，将一批新的海外账号成功起号，从零做到1000万的播放量。

当然，并不是什么样的视频都能在海外火起来，海外真正的流量优势在于：海外的流量和市场巨大，类似抖音的视频平台，就有15亿日活（截至2024年12月）；国内对短视频的制作和网感、对平台规则的理解遥遥领先，我们的内容能轻松打败外国人的内容；如果选择在海外带货，你会发现：同样的带货视频，海外的流量比国内爆的概率更大，平均流量是国内的10~100倍，并且内容制作也更简单。

有了大量的公域流量，我们就有足够大的主动权：要么直接卖货/卖课，要么转成私域，用我的私域逻辑来做后端转化。

对于要做私域的人来说，有大量的流量进入私域，是非常重要的。

二、开发全球华人高客单群体，引发"锁死式"复购和"爆发式"裂变

说到出海，很多人会忽略一个非常重要的群体：全球华人。全球有1亿左右的华人，他们说着中文，用着微信，想念着家乡。虽然很多海外华人有钱、有闲、有认知，但其实他们也有很多需求没办法被满足。而对我们来说，想要找到他们、服务他们，也更加容易。

借助平台的语言推流算法，就能够轻松地找到会中文的人群，再使用微信这样的通用工具，可以用几乎零门槛的方式找到优质的高净值客户人群。

对全球华人来说，在很多维度上，没有在国内的我们接触到的信息那么丰富，他们的选择很少。一旦你的产品或者服务让他们感受到：哇！我在这里（如美国、英国、法国等）居然还能买到××！这就是我想要的！那么恭喜你，你从此可能多了一个忠实用户。以

后他的复购，他家里人的复购，大概率都会找你。

海外华人还有一个特点：每一个城市的华人，都是一个熟悉的小圈子，他们彼此的连接度、亲密度、社交度很高，也更容易受到彼此的影响。

如果你的产品能够征服一个用户，他的日常分享、日常圈子，还有朋友圈，就能够高效地触达他身边的其他华人。

如果说国内用户的推荐效率为 1，那么海外华人群体之间，他们相互推荐的效率基本上可以达到 8~10，相比国内的私域用户，他们更具备天然的接受度。

三、知识付费出海，用更大的流量赚取更大的利润

如果说做出海的好处在于利润可观，那么出海的风险就在于跨境的囤货、物流、退货等问题。我们很容易陷入因距离带来的被动处境。

那有没有什么办法既可以享受到出海的利润，又能规避对应的风险和麻烦呢？

那就是：知识付费出海。

国外的人对知识付费有天然的接受度，有付费能力，并且愿意支付高客单价，这是需求侧的情况。

再来看供给侧。虽然海外有很多成熟的课程，但是基本集中在搜索类平台上，而不是基于当下的抖音这样可以通过内容去激发用户购买需求的平台。

跟国内的知识付费市场相比，海外的知识付费还没达到国内这么"卷"的程度，也没有国内这么丰富的课程，而且都很贵。我们将国内的优质课程做一下简单的翻译，价格就可以翻 5~10 倍。

我们曾帮一个魔术师将他在国内售价 39 元的魔术课，在美国卖到了 99 美元，月销量 1000 单左右。对比美国本地的魔术课（均价

在 300~400 美元），我们的定价也非常有竞争力。

我也将自己在国内卖 299 元人民币的视频课程，录制了英文版，在美国卖 199 美元。这就是信息差赚钱的魅力，而类似的信息差，在全球范围内还有很多。

我常说，用正确的姿势出海，就能干掉 99% 的对手，但如果选错了道路，就会十分艰难。因此，我不仅要把事业做得更扎实，更要将自己多年积累下来的资源和 50 万全球华人粉丝聚集起来，建立了一个非常优质的社群——迪姐华人圈。不管是海外华人，还是很多对全球华人业务感兴趣的在国内的人，都能在这个社群里找到适合自己的最简单、最低成本的出海机会。

我希望这本书的所有读者，不管是不是要出海，至少可以先充分地了解出海，保持对出海这件事的敏感度。

我认为，未来人人都可以抓住出海的机会，实现人生的颠覆性进阶。

笛子姐

- 多本畅销书作者
- 日不落集团创始人
- 海量国货畅销海外

张一凡
小创意，撬动百亿流量

你好，我是张一凡，江湖人称"凡哥"。

我是自媒体事件营销的创始人，策划了"哈尔滨小土豆""茅台冰激凌""银基动物王国""百分少年直通车"等近 50 个经典事件营销。

2020 年，我经历了人生的低谷。奋斗多年的实体商业崩盘破产，从拥有两架私人飞机到负债数千万元，亿万身家在一夜之间化为乌有。

从人生低谷再次出发后，如今，我成了自媒体事件营销赛道的开创者，在幕后策划了多个顶级热搜事件，为品牌营销造势。

我始终坚信：事件营销，创意为王。

一、商圈突围寻破局之道

我是河南周口市一个普通教师家庭的孩子。

高考那年，我准备参加艺术单招，这是一次可以改变命运的机会。出发去北京考试前，我向父亲要参加考试的钱，父亲东拼西凑，只拿出了 500 元钱。

"孩子，我跟你大伯早说好了，借我 2000 元钱给你考试用，结果 3 天了，你大伯的电话打不通，人也找不到，我只凑够了 500 元钱，你先拿着，等我借到钱了，我就存到银行卡上。"听着父亲的话，我内心无比酸涩，暗暗下定决心，要混出个人样。

24岁，我成功创办了"青苹果传媒艺考"教育品牌，最高一年营收达6亿元。27岁那年，我拥有了两架私人飞机。

事业大展宏图，家庭也温馨和睦。我娶了漂亮的主持人太太，还有了两个可爱的孩子，人生达到了巅峰。可2020年，我辛苦创立的公司，最终还是走到了破产的境地。一夜之间，我从千万富翁变成百万"负"翁。

幸运的是，我还有一个好太太，她始终在鼓励我。为了减轻经济压力，她带着两个孩子，走上街头发传单，准备教小朋友即兴主持。

而我却放不下面子，在大街上跟她吵了起来。最后，太太的一句"家里都揭不开锅了，你还沉浸在过去的荣耀里干什么？"点醒了我。是啊！最该成为家里顶梁柱的我，在做什么呢？

后来，我振作起来，继续创业、还债。我开始尝试一个全新的商业模型——自媒体事件营销。从"两周挑战大排档80万元营业额"做起，到"哈尔滨小土豆""茅台冰激凌"，我策划了近50个事件营销的经典案例。

在公域，我的名字可谓无人不晓。可是，私域呢？我的好友只有3000多人，如何打通私域？我始终摸不到门路。

在我一筹莫展之际，我遇到了金雨麒老师。她是一个充满能量的裂变操盘手，与她合作的都是各领域头部IP、企业。而她"用生命影响生命"的发心，吸引着我。

二、转身迎接蓝海

与金雨麒老师合作的央视年度演讲，让我见识到她作为操盘手的魄力。大年初二演讲，意味着金雨麒老师要在春节前夕短短的7

天内，完成 1 万人裂变的目标。

这个时间段，人们都在为春节做准备：有的人开始准备年货，没有时间配合裂变；有的人年底工作太忙，抽不出精力；有的人已经停工回家，专心陪伴家人。团队面临着重重挑战。

我本以为金雨麒老师会因为难度太大而放弃，没想到她不仅答应了下来，还将节前这个时间上的劣势，转化成了我们进行裂变的优势。

她将私域裂变的精髓，与我的事件营销思维相结合，策划了一场有张力又有温度，并且符合春节气氛的发售模式——送礼。邀约同礼物挂钩，而且每次裂变都附带一个万元的抽奖机会。这次合作中，她更是帮我打通了私域营销卡点——收小钱。

在线下，我有相关的营销课程，也会收取相应的学费。

当金雨麒老师提出，把一些忠实学员发展成项目启动核心成员，并收取 520 元费用时，我感到不好意思，毕竟大家挣钱都不容易。

我提出免费送给大家，可金雨麒老师对我说："私域运营，要让用户认同我们的价值，合理的付费门槛反而能激发用户的重视。"

事实证明，她是对的。我们从第一批的 30 多人，增加到 100 人、200 人，最终裂变成 20000 人。我在这次裂变活动中，亲身体会到金雨麒老师常说的：操盘的本质是生命影响生命。

有一位学员已经订好去南方过年的机票，却选择退票飞往哈尔滨，支持我的"南方小土豆"营销事件。一个南方人在最冷的时节选择飞往哈尔滨，就是为了想在"南方小土豆"的发源地直播，为我的跨年演讲助力。

除了是被金雨麒老师的人格魅力吸引外，我想不出第二个会让她自发做这件事的原因。或许，一个生命真的可以影响到另一个生命，我也深深地被金雨麒老师影响着。

三、商业的本质是需求

这次跨年演讲的主题，我定为《小创意 大出圈 低成本 高势能》，其实这就是我经过多年打磨的全新商业模型自媒体事件营销的核心。在商场摸爬滚打这么多年，我深知商业应该是创造需求，而不是存量"内卷"。

开源，才是正确解法。将市场这块蛋糕做大，抢占新增部分，而不是为了现有的蛋糕跟其他品牌竞争，消耗自身实力。

在商业发展中，选择往往大于努力。我们常说站在风口上，猪都会飞。可我们能否敏锐地察觉到风口，并正确做出判断呢？

在一个错误的方向上努力再久，也比不上在正确方向上的轻轻使劲。我在每次做出选择时，必要条件是能够发现商机，商机一现，业绩自来。有时候商机不会轻易被人发现，每到这时候我就会转变一下思维。

我坚信一句话：观念不变原地转，思路一变天地宽。

时代在变，思路也要跟着转变，品牌也需要依附于现在的趋势。而现在的趋势就两个字——流量。谁能抢占更多的流量，就可以吸引更多的用户注意力。

流量的背后，都是客户；品牌的竞争，是对流量的争夺。忽视流量效应，终将会被时代所抛弃。

3年前，就是靠着一个小小的创意，让我还清了千万负债；3年后，还是靠着一个小小的创意，让我为品牌带来百亿免费流量。现在是流量为王的时代，谁能吸引到更多的流量，谁就能够最先出圈。热点，是吸引流量、吸引用户关注的最好的方式。

过去，品牌可能要投入千万级的广告费，也引不起用户任何的关注。现在，我用一个精心策划的事件，在自媒体平台上开始传播造势，从而带动流量的爆破，品牌影响力的曝光，人设的包装以及品牌的造势，并且可以一次性解决我们营销转化的问题。

　　这就是我的自媒体事件营销，这就是我的"创意流量"秘诀。

—— 张一凡 ——

- 自媒体事件营销创始人
- 热搜事件幕后策划人
- 张一凡造势机构CEO
- "茅台冰激凌""哈尔滨小土豆"等现象级出圈事件策划人

嘉 怡
21年初心不改，
从"心"定义线下"卖爆"到线上转型

一、21年的磨砺，AT集团的高光与挑战

大家可能并没有听过AT集团，但是目前流行的一些成长类培训课程里，多多少少都会有我们深耕过的种子。我们的初心一直是教育，用生命影响生命。我可以自豪地说，有些大家耳熟能详的课程，也是由我们集团引入国内培训市场的。

为什么敢这么说呢？

因为我在教育领域深耕35载，是亚洲培训集团的创始人，很多不熟悉的人叫我林董，但熟悉我的人都亲切地称呼我嘉怡老师。作为上市集团的CEO，我在亚太地区培训行业里也算小有名气，但大家认识我更多的是在我们的课堂上。

以往我们深耕线下，获得过一些成绩，单品课程年度开课上百场，平均每场都在300~500人，年度峰会更是达到了2000人，现在回想起2014年、2015年最辉煌的时候，单场营收百万元的业绩仍然令人唏嘘。

2020年，公司线下课程业务全面停摆，陷入困境。

于是，我们迅速转型，开展了线上课程。凭借着团队的努力与创新，实现业绩逆势增长，2020~2023年，我们仍然创造了过亿元的

营业额，这让我们认识到线上业务的巨大潜力。

我们凭借 30 多个分公司、几千名渠道商的共同努力，集团于 2024 年 11 月正式在英国上市，并拓展了多条业务线，在原来的天赋学苑六大产品线、全息学苑三大产品线的基础上，又新增了艺术、青少年、新商业、产业、管理学苑等多个板块，致力于满足不同学员的学习需求。此外，我们还积极开拓海外市场，在新加坡、美国、日本等国家开办课程，朝着教育无国界的愿景奋力迈进。

但要想满足更高要求的资本市场，还是有相当大的难度的，于是，我找到了业内实力强劲的雨麒老师来助力裂变。

二、从"心"定义裂变爆款

2025 年年初，我们整个团队跟随雨麒老师裂变的打法再迭代，精心设计了"619 元爆款课程"，又一次打开线上市场突破口，打了一场漂亮的翻身仗，不到一个月时间，实现了单品业绩翻倍，营业额达到了 200 万元。

此次与雨麒老师合作的"619 元爆款课程"，真的是一品千万的"裂变爆款"。

首先，我们自主研发的密码酷 App，成本早就过亿了，但价格一直没有变。在雨麒老师的打磨下，我们重新设计了"619 元爆款课程"并融合了 App 产品。

这次的升级让每位"619 元爆款课程"的参与者，都能够在一年的时间里，学习不同的大咖老师的版权课。

如木子老师、俊安老师、小七老师、孟邘老师、小弋老师、铭钰老师、悠扬老师、继红老师、雯译老师、陈懿老师等，从个人成长到家庭亲子教育，从职业发展到团队销售破局，从 OH 卡沙盘到音乐艺术心理学……

其次，我们还了赠送一年的 App 订阅，让你轻松学习生命智慧。比如，在 App 中有 21 门大咖课程，还可以"无限量"生成自己和家人、朋友的天赋优势全息报告，24 页的内容，抵得过市面上任何一个动辄上千元的性格评测。

最后，可以跟随雨麒老师实战学习裂变操盘，打造自己的铁军，发展自己的团队，提升自己的营收。

很多人都说，这个裂变营的交付真的很用心，超值！因为，我们 AT 集团的理念就是"用生命影响生命"。我始终坚信：我在哪里，幸福就在哪里！

我和雨麒老师有着共同的愿景——助力更多人踏上创富之路，通过轻创业模式打破传统高门槛，让大家实现经济独立，进而过上幸福生活。

三、重新出发

2025 年年初，当大家都开始放假的时候，我们团队和雨麒老师团队却在春节期间，几乎没有休息。"619 元爆款课程"的市场反馈远超预期，学员们的热情如潮水般涌来，报名人数呈爆发式增长。

在项目推进的过程中，我们遇到了线下学员对线上的认知同频难等问题，但是我们关关难过关关过，不断跟随雨麒老师通过线上社群、直播互动等方式，打通了学员的卡点。

最终，学员们不仅积极参与课程讨论，分享自己在学习过程中的收获与感悟，还组建了自己的铁军，有的找到了志同道合的合伙人，有的树立了个人 IP，还有十几位学员收入过万元，最多的有 40 多万元。

大家直呼"619 元爆款课程"真的是太超值了，短短几天的裂变活动，激活了很多年一直在自己朋友圈里的陌生人，原来线上竟是如此之"香"。

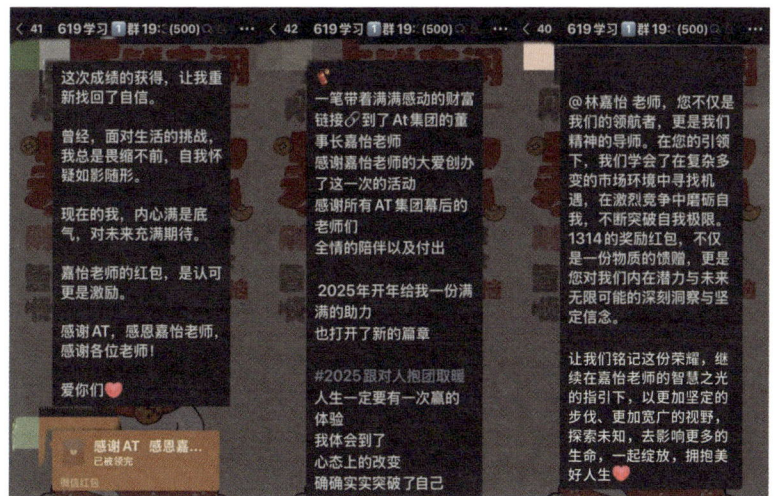

有一位原本处于人生迷茫期的学员，在群里激动地说："这是我从去年到现在，靠自己努力赚到的，最轻松、最有成就感的一笔钱。"

不仅如此，在帮助其他学员解决问题、分享经验的过程中，她还收获了许多人的尊重。她说："通过'619 元爆款课程'，能被更多人信任是一种令人骄傲的能力，带领更多人一同前进，一同投身于 AT 幸福事业，是我这辈子做的最正确的选择！"

有一位 AT 集团的新晋社长乌日娜，在主业忙碌的情况下想开展副业，却无从下手。通过学习"619 元爆款课程"，她用十分简单的副业创富模式，学习强人设朋友圈，裂变出了几百人的团队。

也有在 AT 集团任职十多年的学员感叹，终于学会了该如何打造个人 IP，并搭建自己的创业团队，收获颇丰。

看到这些反馈，我和团队所有的付出与担忧，在这一刻都化作了满满的成就感。这次合作的巨大成功，不仅让我们对未来的发展充满信心，更让我深刻体会到，只要用心去做，怀揣着为学员创造价值的初心，就一定能收获意想不到的成果。

四、创智慧启迪与前行指引

回顾 AT 集团的发展历程及我个人的创业经历，有几点心得想与大家分享。

（一）找准机会，果断转型

在数字化浪潮兴起时，我们察觉到线上业务的潜力，果断转型。从最初的亚太网，到自主研发密码酷 App，我始终坚信：科技赋能教育。创业者要时刻关注行业动态，及时调整业务方向，才能抓住时代赋予的机遇。

（二）敢于创新

AT 集团从优化课程体系，到自主研发密码酷 App，再到设计"619元爆款课程"，以及布局 AI 生态，每一步都离不开创新。

不断创新的产品与服务，满足用户多样化的需求，才能在激烈的市场竞争中脱颖而出。

（三）注重合作共赢

与雨麒老师合作线上操盘，让我深刻体会了合作的力量。不同专业背景的人携手，才能汇聚各方优势，碰撞出创新的火花。

未来，AT 集团将持续秉承"用生命影响生命"的理念，持续深化与雨麒老师团队的合作，在 AI 教育领域积极探索，让教育资源跨越地域限制，为更多人点亮梦想的灯塔，触达每一位渴望成长的人。

嘉　怡

- 129Life教育科技上市公司董事长

- AT天赋优势赋能系统创始人

- 密码酷百万添富计划发起人

第六章

雨麒私塾卖爆进阶

雨麒身边有一群跟了她很久的小伙伴。她们相识于微末，从事不同的行业，有着不同的经历，却聚集到裂变发售的圈子里，然后一起"打怪升级"，一起在实战中拿下一个个战绩。如今团队中的每个人都能独当一面，汇聚成战无不胜的强大战力。

佩奇，从香港保险行业的从业者转型为雨麒团队战略合伙人和中控操盘手。

她最初是个对设计软件一窍不通的"门外汉"，在雨麒的鼓励下勇敢挑战海报设计工作。到后来面对统筹复杂项目，她也能完成从会场设计到裂变机制搭建的全流程，成功助力团队创造了多个"不可能"的项目成果。

她就像一个稳扎稳打的"战士"，怀揣着敢于尝试的勇气和不断学习的决心，一步步实现了自我价值的升华。

Allen 子伦，一位营销资深人士，他的人生经历跌宕起伏。早年他在台北学校门口一边经营托儿所，一边摆摊卖炸鸡，艰难还房贷，后来凭借战略营销取得辉煌成就，实现财富自由，却又在金融危机中遭受重创，一夜之间半生积蓄化为乌有。

然而，他没有向命运低头，在朋友的鼓励下，他重拾麦克风，成为营销讲师，开启"贴地飞行"的生涯。直至遇到雨麒，在她的帮助下成功开启线上人生，通过重新定位、转变思维，将线下积累的丰富经验与线上运营相结合，实现了事业的再次腾飞。他说，每个人都要做自己人生的经纪人，要会大胆地"高级卖自己"。

赵镜子，从"啃老"1093 天的"二本宅女"，华丽转身为雨麒教育核心操盘手。考研失败、省考落榜、待业啃老的阴霾曾笼罩着她，但她凭借对人性的深刻洞察，以"数据脉搏＋人性心电图"双螺旋模型在裂变领域大放异彩，助力多个知识IP和实体项目实现爆发式增长。

她见证了AI冲击文案市场的危机，却也在危机中寻得裂变操盘这一不可被AI替代的发展方向。不论起点如何，只要善于发现自身的优势，找准市场需求，就能在竞争激烈的商业世界中开辟出属于自己的一片天地。

艾文，曾经的健身教练，怀揣着对改变现状的渴望，踏上了线上课程售卖的探索之路。从最初创业时面临几百元课程都卖不出去的困境，到后来独创"裂变发售统筹五力模型"，累计操盘线上发售项目GMV 5000多万元，成功帮助众多IP实现裂变增长与批量成交。他深知专业只是根基，了解市场、掌握正确的售课方法才是实现突破的关键。

在遇到雨麒老师后，他将裂变打法融入发售操盘体系中，进一步完善了自己的商业模型。他成功地证明了：在知识付费赛道上，不断学习、创新，以用户需求为导向，才能真正实现"卖爆"的目标，用专业价值重构用户认知版图。

柔权，拥有10年公域流量经验的资深从业者。她跟随雨麒老师，采用"公域＋私域"双流量打法，成功操盘了多个案例，有力地证明了私域资产对企业利润增长的巨大杠杆作用。

她通过为企业重新设计产品、打造强人设IP、培养销售铁军、组织高在线群，以及精心策划直播等一系列举措，成功帮助企业打破流量死循环，实现了业绩的持续增长。

她说，在当前形势下，只有将公域精准获客与私域深度运营有机结合，才能在激烈的市场竞争中立于不败之地。

张衍，在互联网金融、在线教育等行业运营9年，辗转8个岗位，经历过职场的高光时刻与低谷期，最终在私域裂变发售赛道找到了自己的定位。从失业 4 个月的迷茫，到通过努力重新崛起，再到转型成为私域操盘手，解锁百万发售业绩成就。

他的每一段经历都成了他成长的宝贵财富，跟着雨麒老师，他最深刻的理解是：真正的操盘是构建用户与品牌的命运共同体。

曼琪，从一个海外求职受挫的迷茫青年，到遇到雨麒后，蜕变成爆品私域裂变发售操盘手。她在实战中积累经验，打造高转化朋友圈，一步步打通私域变现通路，开启了年入 30 万 ~100 万元的高效人生。

可洺，在转型做家庭疗愈领域的过程中，通过向雨麒老师学习，掌握了私域发售策略，并成功运用这些策略举办了公开课，实现了业绩的显著增长……

对雨麒的各位私塾学员来说，不同的是他们各自的背景、独特的经历，相同的是，他们都在雨麒这里找到了自己的使命，用裂变操盘给了人生另一种可能性。

佩 奇
从香港保险到亿级操盘团队中控，
将不可能变成可能

我是佩奇，雨麒团队战略合伙人和中控操盘手。我曾是香港保险行业深耕多年的职场人，如今负责雨麒团队后台管理、视觉营销设计和裂变链路搭建。

3 年来，我见证了雨麒团队从零起步到如今的蓬勃发展，也经历了自己从保险销售到负责裂变营销操盘的华丽蜕变。

每一次项目成功的背后，都凝聚着团队的汗水与智慧，也记录着我与雨麒老师共同成长的点滴足迹。

2020 年之后，我的保险事业受到了前所未有的冲击。那时候，因无法面对面约谈客户，我的业务几乎停滞。正是这样的困境，让命运的齿轮开始转动了。

别看现在我能独当一面，统筹复杂项目，负责雨麒的后台管理、视觉营销设计和裂变链路搭建，当初我连基础设计软件都不熟悉，完全是被逼出来的"临时操盘手"。

这几年来，我最深刻的体会就是：每个人身上都藏着无限可能，只要有人愿意给你机会，有人愿意相信你，你就能突破自己的边界。

一、塞翁失马，焉知非福

我与雨麒老师的相识充满了巧合。

那时我在一个IP的线上社群里，偶然买了雨麒老师卖的酸辣粉，就这样我们有了第一次接触。后来，我又参加了雨麒老师操盘的几个项目，亲眼见证了她在线上运营方面的实力和才华，自此我对这个行业产生了浓厚的兴趣。

缘分的奇妙就在于，有时候一个不经意的选择会彻底改变自己的人生轨迹。当时她恰好缺少一个负责做海报的人，而我，一个从未接触过设计的门外汉，竟然在雨麒老师的鼓励下接受了这个挑战。

"你可以的！"就是这简单的一句话，自此我们两个命运相连。

我觉得她做事靠谱，特别懂线上运营，所以也决定开始跟着她学习。刚开始，我只是帮忙做一些简单的设计工作，远谈不上什么战略合作。

有一段时间，我和雨麒老师都被困在上海，无法外出。恰是这段时光，让我有机会全身心投入海报设计的学习中。从最初的笨拙尝试套模板，到逐渐掌握专业的制图软件操作，再到能够独立完成项目的海报设计，每一步都是对自我的突破。

我时常回想起那段时光：白天要处理保险业务，晚上就挑灯夜战学习海报制作。有时为了一个设计元素反复修改到凌晨，有时又因为一个创意想法的成功实现而欣喜若狂。

这种从零开始的挑战虽然辛苦，却带给我前所未有的成就感。

2020年之后，各行各业都面临着前所未有的冲击，收入锐减，压力倍增。雨麒老师和她的团队也是如此，大家都在咬牙坚持。

就是在这样的大环境下，我见证了雨麒老师的坚韧与远见——她没有因为困境而放弃，反而开始筹划线上项目的全新发售模式，开拓新的商业可能性。

二、人生破局：没有什么是不可能的

15 天内，从零到拉起 200 人的线下创富闭门会，并实现 20% 的转化率，这是我与雨麒团队共同创造的"不可能"。

时间紧迫，我们不得不临时增加预算，租用专业灯光设备，这又是一笔意外的支出。

要说我与雨麒老师合作的高光时刻，那一定是属于首次线下闭门会。闭门会从构思到执行仅用了一个月的时间，这是一项看起来是根本不可能完成的任务。

我们的成功秘诀在于：一是选对了策略和方向；二是打造了高级的视觉营销；三是严控成本，做到低价创业；四是通过出圈设计制造话题；五是用硬核内容聚焦发售文案。

事情是这样开始的，某天，雨麒灵光一现，决定举办一场线下闭门会。当她将这个想法告诉我时，我只有 30 天的准备时间。作为雨麒的战略合伙人和中控操盘手，我需要在短时间内完成从会场设计、宣传海报和现场物料的全部视觉宣传工作，同时还要负责整个裂变机制的搭建和执行。

我清晰记得那段日子：白天处理保单工作，晚上和周末全部投入到闭门会的筹备中。

为了确保视觉效果的专业性，我挑灯夜战学习新的设计技巧，反复修改每一个细节。有时候一个标语的配色方案，我能改十几个版本；一个简单的 logo 设计，也要尝试几十种不同的样式。

最具挑战性的是现场布置和裂变执行。

作为雨麒团队中的中控操盘手，我需要快速掌握展会现场的灯光、背景板等专业知识。同时，我还需要考虑整个线下的每一个环节，从接待到讲课，再到最后成交。这种全方位的工作对我来说是极大的挑战，但也正是这样的经历，让我从一个简单的设计执行者，成长为一位真正的战略合伙人。

然而，在现场最令人忧心的情况还是出现了。在线下学员拍照的时候，背景板出了问题。我们精心设计的背景板是有背光效果的，从远处看起来是非常漂亮的，但作为拍照背景就会导致人物的曝光不足，拍出来的照片脸部是黑的，很不好看。

当我咨询了摄影师后，得知这需要专业的补光设备才能解决。于是，我又去买了专业设备。虽然过程有些辛苦，但当我看到大家在精心设计的背景板前合影留念，拍出的照片都很漂亮的时候，那一刻，所有的辛苦都化为满满的成就感。

这次的经历，让我真切体会到什么叫把不可能变成可能。

三、品牌曝光与 GMV 增长策略

2024 年到 2025 年年初，我们团队创造了裂变操盘的多个标杆案例。

2025 年 2 月，在肖厂长的裂变项目中，我们通过 AI 策略，仅用 300 名核心种子用户，在短短 8 天内实现了 30320 人进群的惊人成绩。

每天深夜 12 点，我都会准时守候在电脑前，查看数据看板，分析当天的进展情况，并用海报来呈现。中午 12 点，我会在直播会议室等待学员入场，同时录制雨麒老师讲课的内容，以及收集评论区的留言。晚上，我会在各个群里查看大家的动态，及时地将重要信息、需要跟进的人汇报给雨麒老师。

这种全天候的中控工作，考验的不仅是专业能力，更是责任心和执行力。作为雨麒的战略合伙人和中控操盘手，我负责从策略制定、视觉设计、裂变机制搭建到团队协调的全流程管理，真正体会到了将不可能变成可能的成就感。

在周宇霖老师的《人人都需要的销售演讲力》项目中，我们从

300 人裂变到 27000 人，通过私域裂变实现卖书突破 27000 册，视频号达到了万人场观，线上通过 5 天公开课的方式营收累计突破 1200 万元。两场线下活动再创 800 万元业绩，项目总业绩突破 2200 万元。

随后一年里，我们团队在雨麒老师的操盘和我的中控下，实现了裂变 10 万人的惊人成绩，帮助品牌增量达到了 5000 万元的业绩。

雨麒老师带着我们探索出了多种创新裂变模型，如小联盟裂变、二度人脉裂变、占位式裂变模型等，这些都成为团队的无形资产。

这些年与雨麒老师并肩同行，我逐渐领悟到成功的背后，是相互托举的力量。无论是个人成长，还是团队发展，都需要我们勇于跳出舒适圈。最大的成长往往来自最大的挑战。

三年前，如果我没有接受那个从保险销售转型为线上操盘手的挑战，就不会有今天的我。作为雨麒老师的战略合伙人，我负责所有裂变活动的执行落地，以及所有 B 端资源的对接，同时负责雨麒教育平台向下的管理和向上的对接。

每一次看似不可能的任务，都是一次突破自我的机会。现在回首这段旅程，我最大的收获不仅是视觉设计能力的提升，更是发现了自己作为操盘手和战略合伙人的潜力。

如今，我不仅是雨麒团队中一名裂变营销的中控操盘手，更是一个将不可能变成可能的践行者。相互托举，用爱追随，用生命影响生命的方式做操盘，这是我从保险销售到操盘中控蜕变的最大收获。

佩　奇

- 雨麒教育操盘中控

- 雨麒教育视觉操盘手

- 雨麒教育操盘教练

Allen 子伦
56 岁、8 次创业解锁财富自由，
请务必做自己人生的经纪人

人生这场戏，我演过最狼狈的角色是自己。

大家好，我是 Allen 子伦，一个在台湾出生，在福建厦门扎根的老营销人。在此之前我在大厂任总经理，为上市公司、中秦兴龙做战略营销顾问，自主创业了 8 次，算得上是资深营销人员了。

我身上贴着 3 个标签：个人单月收入达 250 万元；辅导营销公司单月业绩增长 400%；线下授课达到 30 万人次。回顾这 30 年一路走来的点点滴滴，有成功，有荣誉，有挫折，有失败，有越战越勇的毅力。

如果你在 30 年前路过台北某学校门口，可能会看见一个像个小男生的姑娘，前脚哄着托儿所的小朋友睡觉，后脚就蹲在路边炸鸡排。炸锅里的油星子溅到手背上，疼得她直咧嘴，但手里的铲子却不敢停——那是 23 岁的我，一边开着托儿所，一边摆摊还房贷的日常。

后来，我成了别人嘴里的"传奇"。我靠着战略营销帮助自己，协助同行，38 岁实现了财富自由。我给员工送过保时捷，单月赚过 250 万元，线下讲课跑破了 100 多双鞋。

但没人知道，2009 年金融危机那晚，我瘫在办公室地板上，看着电脑里一条条"投资失败"的警报，浑身发抖——半辈子的钱，没了。

朋友劝我，认命吧……

我咬着牙回他：我的人生字典里，没有"认命"这两个字。至暗时刻，我学会了"贴地飞行"。

2009 年金融危机后，我的人生跌到谷底。但真正的打击不是穷，而是"不相信自己了"。

最崩溃时，我甚至不敢接妈妈的电话——怕她问我"钱够不够花"，更怕她听出我在哭……

我庆幸自己平时交友广阔，学生、好友众多。在他们的积极鼓励下，我重拾麦克风，从公司老板再度成为穿梭于各大企业的营销讲师，大场钱我赚，小场钱也不错过，开启了另一段"贴地飞行"的生涯。

所幸这样的日子并没有持续太久，这要归功于我平时扎实的基本功。很快，我的生活回到了正轨。就这样，线下讲课、企业顾问辅导这份工作，我一直持续做到了 2024 年。

雨麒老师的出现，是我线上人生的转折点。我一直在尝试做线上，却总在走弯路。

有一天我在应酬完，微醺之时，无意间看了一场直播，恰好雨麒老师正在直播间努力地托举她的老师，我瞬间被她感动了。于是立马盲拍，心想，知恩图报的人一定靠谱。至此，开启了我跟雨麒老师的缘分。

第一次见雨麒老师，她的亲和力瞬间虏获了我的心。

忘记不了她问我的第一句话："Allen，你会些什么？"我轻轻地说了一句："老师，请允许我'凡尔赛'地说一句，我会的太多了……"

雨麒老师为我做了定位：Allen，你说话时让人觉得很舒服，不仅高情商，还能向上社交和连接。

于是 Allen 子伦"高级卖自己"，在线上诞生了。从此，我成了雨麒老师的"老"跟班，在线下工作告一段落时，老师走到哪儿，我就跟到哪儿。

一次饭局上，老师突然喊了一句："Allen，我帮你找到了客户。"然后，我手机里一下子收到了好几个99元。我蒙了，咨询从来没收过那么低的客单价，但也只能硬着头皮交付，赶着鸭子上架。

等我缓过神来，才发现，天呀，我的线上咨询居然就这么丝滑地做起来了。在交付的过程中，除了大获好评之外，也为我的发售课程做了前期的粉丝铺垫，让我有了一些粉丝基础和线上收费的信心。

雨麒老师开启了我真正的线上人生破局之路：和"90后"学"贴地飞行"，不丢人。

一、把"Allen 老师"打碎重组

雨麒老师给我的第一个作业就是，翻出之前的教案："把这些'绝对成交''销冠心法'全删了。"她在视频里说："现在要说'人话'。"

她发来一串直播链接，对我说："去看看，单场卖200万元的博主，哪个在讲高大上的理论？他们都在说'人话'。"

那周我把自己关在家里，看了几十场直播。有个卖茶叶的姑娘，边泡茶边聊离婚后的创业故事，弹幕都在刷"心疼姐姐"。

我突然懂了：新时代的销售，卖的不是产品，而是活生生的人。这跟线下是共通的呀。

二、300 个微信好友也能裂变

"您总说私域没人，可这300个人里，有20个是铁粉吧？"雨麒老师边翻着我的微信列表边说，"给他们挨个打电话，问两个问题：为什么还留着我的微信？你们最想听我讲什么？"

而在雨麒老师的线上课程中，我总做一个"显眼包"，努力地

做着贡献，努力看见每一个朋友，这让我获得了极高的人气。

这时我才发现，原来我从来不是孤军奋战，只是忘了回头看。

三、6980 元的课卖还是不卖

雨麒逼我把"销冠大师班"的定价从 19800 元变成 6980 元，并让我先做出来，再谈身价。

我梗着脖子不答应："你这是让我自降身价！"

她直接把课程海报改成大字报："看好了，这不是便宜，而是让普通人够得着！"

当时，我告诉自己，我得在线上快速得到验证，时间是不等人的，只有快速去做，快速得到体验，才能快速得到答案。

于是，我决定用 6980 元的价格让信任我的朋友们享受到价值 19800 元的课程内容。

当然，我还藏着一个小心思——要让支持我的第一批线上朋友们，成为我接下来发售的销售铁军。所以，我要拿出毕生所学，让他们不仅学到、做到，还能悟到，想到这里，我的心就落下来了。

没想到这一卖，我得到了黏着度高到惊人的学生，口碑也好得出奇。大家纷纷夸赞我：不愧是带出 64 位总经理的实战导师。

（一）从"孤狼"到"共生"

在课程交付中，我发现 80% 的学员表示：他们更需要"手把手陪跑"，而非"高高在上的方法论"。

放下身段，用"服务者心态"去倾听用户的需求。

（二）破局行动

产品迭代：将"销冠大师班"拆解为"21 天陪跑计划"，一对一答疑。

服务升级：为学员定制"资源对接档案"，精准匹配人脉与商机。

价值观融合：我将"极致坦荡"的实战风格，与雨麒老师的"用户洞察模型"结合，形成"真诚营销"体系。

营销的终点不是成交，而是让用户成为你的共创者，最终形成关系联盟。

（三）想对你说的话

请允许自己"从头再来"。

年轻人总问我：怎么克服卖产品时的羞耻感？我的答案永远是：先问问自己——你是要面子，还是要活下去？

面子是人家给的，脸是自己丢的，只要你有本事、敢行动、拿成果，用数据说话，什么时候都能从头再来。

记得 23 岁在学校门口吆喝着卖鸡排时，我也脸红过。但当我用油乎乎的手数着钞票，凑够家里的高息房贷时，突然明白：干净的自尊心，救不了命。

四、Allen 给你的创业建议

- "跪着"赚钱不丢人，别把面子当枷锁，先活下来才能站着说话。

- 与其嫉妒太阳耀眼，不如找个能互相照亮的伙伴。

- 大大方方谈钱，才能干干净净做事。

- 人生下半场，要知命而不认命，服输而不认输。

- 把自己打造成一个行走的品牌再做经营，做自己人生的经纪人。

- 请昂首阔步地"高级卖自己"。

- 想要让自己破局、破圈，那就一切从营销开始吧。

—— Allen子伦 ——

- 中秦兴龙集团战略咨询顾问

- 30年企业营销实战导师

- 子伦"高级卖自己"主理人

赵镜子
一个被泡面蒸汽点醒的县城女孩，
用"数据脉搏"做到 7 天裂变万人

我是赵镜子，雨麒教育核心操盘手，小红书商业文案 TOP 10 博主。

从啃老 1093 天的"二本宅女"，到半年操盘千万级裂变发售业绩，我以"数据脉搏＋人性心电图"双螺旋模型，助力多个知识 IP 和实体项目实现了爆发式增长，帮助跨境女王笛子姐的新书——《拆商：解决你人生 99% 的难题》，售出 10000 本。

我成功操盘了 AT 集团线上课从冷启动到实现百万元的营收、周宇霖破亿发售、张一凡央视开年演讲、肖厂长 AI 开年大课裂变万人进群等项目。

谁能想到，几年前的我还蜷缩在小县城的小房间里，经历了考研失败、省考落榜，只能待业啃老，人生充满了焦虑。

直到某个被泡面蒸汽模糊的凌晨，我顿悟：真正的裂变不是流量游戏，而是对人性的精准照见。"不是财富让我们自由，而是看清本质让我们自由。"这句话刻在我每个操盘方案的扉页。

当 AI 开始批量生产文案时，我反而更坚定深耕裂变领域——因为那些直播间里用户眼底的微光，才是浇灌裂变之花的真正养料。

一、从"啃老族"到生命力千万级操盘手：我的认知突围战

2017 年冬，我攥着二本文凭蜷缩在县城的一家花店里，忍受着零下 5 度的严寒，看着招聘软件上已读不回的红色标记，把"废物"二字深深烙进骨髓里。

母亲塞在胃药盒里的纸条上写着："可以争气一点吗？"这让我在凌晨 4 点的台灯下开启了写作修行之路。我手抄了 137 个爆款文案结构，并蹲守在直播间里解析用户的情绪波动。

2022 年秋，我在小红书上创作的"甲方让我把拖鞋写出高级感"一系列爆款视频突破百万播放量。

当客户将这笔款项打入我的账户中时，我正在 4S 店签购车合同。当父亲抚摸着方向盘上"赠父"的铭牌时，混着机油味的泪水砸在了真皮座椅上——这个曾因女儿啃老被亲戚戳脊梁骨的男人，此刻终于挺直了腰杆。

当 AI 突然冲垮文案市场时，我的报价单在 3 个月内蒸发了 40%，甲方当着我的面用 AI 生成 200 条广告语，并说："镜子老师，你的文案虽然高级到能达到 90 分，但 AI 每秒能生产 10 个 70 分的你。"

深夜翻看自己 100 万字的语料库，我突然惊恐地发现：这些曾让我引以为傲的文字，正在被算法批量复制。当 AI 开始批量收割文案市场时，我在雨麒老师这里触摸到无法被 AI 代替的裂变操盘。

当笛子姐在刘润直播间里说出"不是教你赚钱，是教你看清钱流动的方向"时，4500 本库存"秒没"——这场胜利不是数据的胜利，而是把商业逻辑翻译成人人都能听得懂的语言艺术的胜利。

2024 年的秋天，我蜷缩在数据监测屏前分析粉丝画像时，发现那些"知识焦虑"的妈妈们，真正渴望的是被孩子仰望的瞬间。

这段从文案写手到裂变发售操盘手的进化之路，让我看清了一

个真相：AI 能解构所有显性规则，却永远无法复制那些藏在我们的皱纹里的生命经验。

二、AT 上市集团：当 20 年修行遇上裂变魔法

当时 AT 集团最头疼的事，就是怎么把他们的"天赋优势赋能系统"搬到线上。AT 集团一年几百场线下课场场爆满，学员追着老师送鲜花，可一到线上就没那股子劲了。

我们接手项目一看，发现他们家的内容扎实得像老火靓汤，木子老师等大咖更是行走的知识宝库，但缺的就是一套能把好东西传出去的线上"机关枪"。

我们立马给 AT 集团定制了一套专属打法，把他们的精品课拆成知识零食包，通过裂变玩法像撒种子一样扔出去。

这里头最给力的还得是木子老师，她帮助了好多学员找到了生财之道。

2025 年年初，我们开设了"新年赚翻营"。木子老师亲自操刀的"2025 开启财富之门"课程，配上我们的裂变连环招，结果直接"炸"了。

- 2 月 3 日，首场直播，原定于 20 点开始，结果 19:50 直播间就挤爆 500 人，技术佩奇急得满头大汗。
- 2 月 6 日，腾讯会议升级到 1000 人，照样被挤得水泄不通。
- 2 月 7 日，90 分钟直播直接卖出 100 多单高阶课。
- 2 月 15 日收官，把 7231 元的高阶课卖出将近 200 单。

从 619 元的入门课到 7231 元的深度服务，我们硬是搭了一条通天梯。最让我得意的不是数据，而是团队里杀出了一匹黑马。

他是工程师，平时连微信都不怎么玩得转。但是这次参加活动，他不仅主动申请当队长，还在活动中迸发出惊人的潜力，带领团队

冲入前三。

三、裂变增长：让每个人都照见自己

用户不为功能买单，而为"理想自我"的镜像付费。我们要用讲故事代替讲功能。

实操方法：

- 真实案例库：精选学员蜕变故事，建立"人生转折点"素材库。
- 通俗化翻译：把专业术语改成 3 岁小孩和 80 岁老人都能听得懂的话。
- 荣誉给到位：为每一个裂变的战队长做单人海报。
- 及时反馈：每一次的有效动作都能得到及时的反馈。

……

当我的名字登上"首届创始人 IP 开年演讲"的致谢大屏幕时，我更加确信，真正的裂变从不在流量池里，而在人与人之间的能量共振里。

如果你正面临传统业务增长乏力，却不知如何转型线上；空有专业积淀，却难以突破流量困局；渴望打造有温度的裂变增长模型；高价 IP 的流量变现破局，这些都可以从我的《人性裂变实操手册》中找到答案。《人性裂变实操手册》里面包含 3 套经过验证的信任构建模型、12 个内容产品化工具包及 7 天组织激活行军地图，能够给处于困境中的你一点启发。

最后分享雨麒老师送我的人生密码：7-2-3-1。这组数字意味着要用商业思维传递出生命的温度。

我很开心能和雨麒老师共创这本书，一起做一个生命力操盘手。我相信，世界上每一个好产品都值得"卖爆"。这恰恰是我深耕裂变领域的初心——不是制造数据泡沫，而是搭建心与心的桥梁，就像我

的名字赵镜子一样，清楚地照见每一个人。

赵镜子

- 私域裂变发售操盘手
- 小红书商业文案TOP10博主

艾 文
健身教练转型卖爆 5000 万元，
独创裂变发售统筹五力模型

我是艾文，裂变发售操盘手，雨麒老师的私塾学员，也是雨麒教育操盘天团的一员。

我专注帮助创始人及知识 IP 通过发售卖爆产品和课程，引爆业绩及品牌，累计操盘线上发售项目 GMV 超 5000 万元。

我独创的裂变发售统筹五力模型，4 年来已成功帮助 50 多家 IP 系统解决裂变增长到批量成交的闭环。这套模型的诞生，也是希望每一位有专业沉淀的创始人都能轻松卖爆课程，用知识真正改变用户的人生轨迹。

或许你看到以上数据觉得我很厉害，但很少有人知道，操盘过数十场百万级发售战役的我，曾因缺乏系统的方法，在创业初期饱受挫折：无论发多少条朋友圈文案，那些定价几百元的课程一个都卖不出去。

正是这段至暗时刻让我顿悟：在知识付费领域，胜负的关键从来不在于话术套路的设计，而在于对"认知势能"的精准把握和运用。

6 年前，我还在健身房当教练。回想起当时的生活，我就像困在跑步机上的仓鼠，每天 12 个小时，带着学员练完一轮又一轮，一天只吃一顿饭，连上厕所都要掐着时间。虽然每个月的收入还不错，但这种一眼看得到头的日子，不是我想要的。我开始不断地找寻出路。

偶然的机会，我在一个社群里看到一位健身教练把课开到了线上，竟然还卖得非常火爆，当时我特别激动，就像发现了新大陆。

当天晚上我就模仿他的课程模板，熬了一个通宵，设计了一个线上的减肥课。原以为一定会大卖，没想到，却狠狠地打了自己的脸。

正如我最常对学员说的那句话："卖爆"的本质不是收割用户，而是用专业价值重构用户的认知版图。

当时我就意识到，专业是根基，但不懂市场就是闭门造车。于是我开始不断研究如何把课程在线上卖爆。

为了解决这个问题，我买了很多关于营销的书籍，还报了很多老师的课程，账单里全是买课的记录。

朋友圈文案课、个人品牌打造课、社群运营课、私域成交课等，我一共花了 6 位数。最终课程是卖出去了，但远远没有达到我想要的结果。

直到我开始接触发售后，才有了改变。我的第一场发售是 299 元的线上减肥课，在短短 3 天内，卖出近 30 单。当时我觉得特别不可思议。

2021 年上半年，我又策划了两场发售：一场 "7+1" 蜕变岛活动，3000 元的线上减肥课，当天成交 7 人，那一天，也是我第一次日入 2 万元；一场 12 小时直播，499 元的线上美臀课，成交 50 人，6980 元的线上私教课，成交 15 人，我也实现了一场发售破 12 万元的佳绩。

正是因为这两场发售，让我开始走向发售操盘这个领域。

我发现太多曾经像我一样专业的人，因没有一套正确的卖课方法，空有一身本事却卖不出价，就像米其林大厨在夜市摆摊、用塑料袋装佛跳墙一样。

于是从 2021 年下半年开始，我开始深耕发售操盘，累计合作了 50 多位 IP，策划统筹了 50 多场发售，累计操盘线上发售项目 GMV 5000 多万元。

但这些数据的背后，让我也发现了一个问题：我做了很多成功的发售操盘，但也会有失败的，而失败的发售 90% 都在于 IP 本人的私域流量太少。

那有没有一种方法可以解决这个问题？我相信一定是有的。于是在 2024 年我开始找解决方案，也正是这一年，我遇到了雨麒老师，开始深度学习裂变，同时把这套裂变打法加入我的发售操盘体系中。

事实验证，雨麒老师的这套裂变打法太厉害了，2024 年我操盘了 3 个项目：一家国学企业，私域只有 5000 人，8 个月营收突破 600 万元；一个 OH 卡疗愈师，在原有私域基础上裂变新增到 1000 人，3 天直播发售 GMV 突破 30 万元；一个心理疗愈项目，裂变新增到 3000 人，5 天直播发售 GMV 突破 140 万元。

裂变发售统筹五力模型由此诞生。如果你要把自己的课程或产品卖爆，这 5 个问题，你一定要花时间去解决。

一、裂变发售统筹五力模型

（一）产品力

任何一个行业都不缺好产品，缺的是解决方案。所以，你要把你的产品设计成一套独具差异化的解决方案，在这个行业中，只有你能解决，那你的产品一出场就将立于不败之地。

（二）策划力

一场发售的核心是，把你的产品卖爆。而产品卖爆，必须要解决"信任 + 需求 + 欲望 + 购买力 + 零风险"这 5 个问题。所以，要想策划一场成功的发售，你需要在发售流程中逐步解决这 5 个问题。

（三）领导力

如果你要做一场大型的发售，核心团队成员至少要有 3 人，一人负责文案，一人负责运营，一人负责全链路统筹执行。你要学会协调，让他们更好地配合。这里有一个核心的方法：团队成员的配合，基于发售流程的关键时间节点。

（四）SOP 力

每一场发售，都必须要提前做好 SOP。简单来讲，你要清楚在什么时候需要做什么事情。很多发售之所以会手忙脚乱，正是因为没有提前做好 SOP。

（五）转化力

在一场发售中，最关键的节点就是成交环节，即你至少要花半个月的时间，用心去打磨你的直播 PPT。要想提升转化率，请在 PPT 的框架设计中，用案例的形式讲干货，切记不要只讲干货，这也是很多人会犯的错误。

2025 年 1 月，雨麒老师和我一起操盘的自媒体事件营销是张一凡的裂变。

我作为裂变工作组的总统筹协助雨麒老师管理内部团队，最终我们 7 天高效裂变了 2 万人。

当时统筹的思路，也正是基于这裂变发售统筹五力模型而来。

二、线上"卖爆"的三条铁律

无论是课程还是产品，如果你想在线上卖爆，记住以下三条铁律。

（一）别当"知识仓鼠"

用户不需要你囤积知识量，要的是你能解决他当下的痛点。就像我当时模仿同行设计的第一个线上课，之所以卖不出去，是因为完全没有站在用户的角度去设计产品。用户不需要复杂、庞大的知识体系，而是需要能直接解决他们当前面临的问题的方案。

（二）重点做"案例"

用户关心的不是你的产品的"科学原理""独家体系"，而是你的产品能否解决他的问题，所以你一定要花时间积累案例。

就像我在发售操盘领域有不同行业的多个案例，也有不同需求的多个案例，当我把这些案例拿出来讲的时候，是否比我跟你讲一堆道理要更加值得信任呢？

（三）多研究"用户"

无论是发售还是裂变，其核心都在于对人性的把控。

如果你想把产品卖爆，请忘记自己的产品。不要用产品思维去做事，多思考你的用户是谁，对方需要解决什么问题及对方担忧的事。多花时间研究"用户"，你会发现有多种"卖爆"的思路。

这些年我操盘策划了 50 多场发售，深刻地认识到，真正的成功不在于积累了多少知识，而在于能否将这些知识转化为切实可行的解决方案，帮助他人突破困境。

每一次成功发售的背后，都是对"用专业价值重构用户认知版图"的坚定践行。

我始终相信，"卖爆"的本质不是收割用户，而是真正帮助他们解决问题，实现自我提升。

最后，我要特别感谢一路陪伴和支持我的伙伴们，尤其是雨麒老师，是她让我看到了裂变的力量，也让我更加坚信，只要找到正确的方法，任何人都可以在自己的领域发光发热。

艾　文

- IP发售策划师

- 艾文商学苑创始人

- 裂变发售统筹指挥官

柔 权
公域精准获客 × 私域深度运营 = 业绩持续增长

　　大家好，我是柔权，在公域流量战场奋战了 10 年的老兵，也是雨麒老师的私塾学员。我曾为 200 多个行业龙头搭建流量护城河，经手投放了 5000 万元的广告费，创造了数亿元 GMV 业绩。

　　经过 10 年流量战场的淬炼，我比谁都清楚：流量红利会褪去，平台规则会变更，但企业手中真实的客户关系永远不会贬值。那些困在"投放—成交—再投放"死循环里的企业，本质是在用血汗钱为平台养数据。

　　而那些用私域构筑数字资产的企业，早已在沉默中完成升级。他们的每个客户都是活水源头，他们的每次触达都是在帮品牌增值，他们的每分利润都牢牢攥在自己手中。

　　盲目追随流量者，会沦为平台的数字佃农；掌控流量主权者，正在建立自己的商业帝国。

　　2024 年，我结识了雨麒老师，学习了私域的裂变操盘打法，正式开始"公域 + 私域"的双流量打法。我们经手的案例证明：当私域资产每增加 10%，企业年利润就会获得 3~5 倍的增长。

　　这不是魔术，而是商业本质的回归——把顾客从交易对象变成事业合伙人，找到一个顾客帮你卖 1000 次，从一生一次的生意，到一生一世的生意。

　　如果你问我为什么要叠加私域流量，其核心在于：公私域结合的打法让企业利润立增 10%。

我在做企业流量的时候，发现其实 80% 的企业老板都会踩坑，如错把用户当流量收割，错把平台当救命稻草，错把促销当增长引擎。而真正聪明的企业早已经用私域搭建自有数字资产，让 1 个客户产生 10 次价值，把获客成本降为原来的 1/3。

我们在传统的流量打法中又做了精准破局：

- 特种兵战队配置：9 人精锐团队覆盖流量投手 × 私域运营官 × 数据分析师 × 内容爆破组。
- 独创"流量双螺旋"模型：公域精准爆破 + 私域价值循环。
- 72 小时极速落地：从诊断到首场转化最快 3 天见效。
- 10 多个行业流量密码库：美业、教培、品牌零售、招商的爆单公式直接复用。

如果你觉着产品好，但赚不到钱，被平台流量费压得喘不过气，想拥有自己的忠实客户群，那么你就要学会玩转公域 + 私域。

流量变现黄金公式：公域精准获客 × 私域深度运营＝业绩持续增长。

公域是流量入口，抖音、快手、小红书等平台每天有数亿流量，我们可以精准筛选目标客户。

私域是利润核心，把客户沉淀到微信生态，通过精细化运营让客户反复复购、主动转介绍。

公域获客大家已经很熟悉了，下面我就用真实的案例告诉你，一家纯线下教培企业初次转型，是如何运用私域流量成功做到 3 天线上卖课 100 万元的。

其秘诀就是：把顾客变成自己人，让 1 个人帮你卖 1000 次。

一、重新设计产品，设定目标实现三方共赢

线下转线上不能照搬。线下卖产品，线上卖体验；线下交客户，线上教用户。

1. 把高价课程拆成两种

引流品：百元训练营（新产品体验 + 技能培训）。

利润品：万元高价课程（解决客户实际问题）。

2. 操作过程中的注意事项

引流品设计注意事项：我们要做到，面向人群足够广、客户收益足够大、决策成本足够低、有传播价值等特点。

利润品设计注意事项：真实解决客户问题 + 满足客户情绪价值。

设计三方共赢的活动策略："实战营 + 打榜福利 + 利润品"环环相扣、层层递进，实现品牌方、种子用户、消费者三方共赢。

二、把 IP 打造成明星，"强人设"IP 运营

建立消费者对创始人的高度认可，建立用户对品牌的深度共鸣。

由于此次的 IP 本人没多余的时间露面，所以我们就侧重用"品牌 + 用户证言"来侧面提高 IP 形象。主要布局有如下：

1. 活动内容策划

分享使命愿景和价值观，塑造品牌或 IP 形象。

教学 + 答疑，展示品牌或 IP 真实的形象。

学员见证，增强信任感。

深度赋能，让用户真正有收获。

2. "强人设"社群运营

展示权威—引发互惠—建立信任—仪式感造势—限时特权—从众心理—风险逆转—收益可视化—传播因子预埋，形成从权威认同到裂变的闭环。

3. "强人设"朋友圈自动化运作 + 小绿书联合布局

AI 工具的普及，让写文案变得更加便捷。

小绿书功能的开放，解决了朋友圈发二维码会被折叠的问题。

二者结合，实现朋友圈文案的自动化运作。

4.销售信策略

销售信可以帮助我们塑造 IP 形象，产生长尾效应，但是当时我们由于时间紧迫，品牌方的销售信就暂时跳过了。

此外，在整个私域运营的环节中，策略虽好，但也要能及时与品牌方的进度相匹配，且达到品牌方的最终目标才是最重要的，不可过分循规蹈矩，因小失大，这也是做私域运营的全局观布局之一。

三、培养专属于你的销售铁军

私域裂变从来不是用户的自发行为，而是铁军用专业、温度、节奏感精心导演的商业交响曲。

如何在短时间内建立信任，促进用户主动分享，是我们培养铁军最重要的环节。

其环节设计为：打榜福利的设计、团队管理、激发荣誉感、数据公开公平、打破成交卡点、高情商私聊。

四、成为社群高手，组织高在线群

关键点：社群不是渠道，而是用户的主场。

围绕着这一核心目标，我们重点聚焦以下工作：建立新的活动流量池、提前让用户验货、持续预热引发裂变、用稀缺思维设计成交主张、用闭环思维激发长尾效应。

经过我们一周的实战布局，公开课当天在线观看人数近 2000 人。

五、三天公开课直播引爆百万元的业绩

公开课发售之前，做好激活私域、社群引爆、提前锁单等环节，以保证你在直播间有初始的业绩保底。

一是选好直播平台。

对于公域直播有经验的 IP，我们一般会选择"公域端＋私域端"的直播平台（视频号＋腾讯会议），由于该品牌在初次尝试线上，我们选择了保守的打法，引导用户进内部腾讯会议进行直播转化。

二是"直播脚本设计＋成交话术设计"。

第一天：直播教学演示不成交（展示实力）。

第二天：老学员连麦分享开始成交（真实见证）。

第三天：福利叠加刺激成交（稀缺优惠）。

三是公开课直播期间的社群运营方案设计。

配合微信群实时播报成交喜讯，营造抢购氛围，最终超额完成目标。在企业的应用上，我也整理出了新老品牌的两种不同打法。

新品牌：公域引流（投资回报率 1：3）＋私域运营体系（3 个月回本案例）；老企业：私域激活现金流（20 天回款）＋公域卡位战（降低 50% 获客成本）。

以上是结合案例整理出私域运营的框架流程，希望对读到这篇文章的你有一些帮助。

柔　权

- 企业公域获客导师

- 私域裂变发售操盘手

张 衍
点燃心中的火种，从教育运营转型为私域操盘手

我是张衍，是深耕私域裂变发售赛道的操盘手，也是雨麒老师的操盘天团中的一员。我专注于为中小 IP 和超级个体构建快速有效的发售变现系统。

过去 9 年，我曾在互联网金融、在线教育等行业做运营工作，曾单季为企业创造了千万级营收。

2024 年，我离开职场转型做发售操盘，半年时间即实现发售心理疗愈项目 14 天裂变 3500 人，撬动 140 多万元的业绩。

你可能想不到，在转型做发售操盘之前，我也曾经历了人生的至暗时刻，更在职业迷茫期辗转 8 个运营岗位。

正是这些经历让我顿悟：我要帮助中小 IP 用商业的成功去守护他们的使命。正如雨麒老师所言：用生命影响生命，做生命力操盘手。

这正是我一直在践行的理念：人生没有白走的路，每个脚印都在为爆发蓄力。

一、暗夜突围：一个操盘手的觉醒之路

（一）低谷：从笑傲职场到失业 4 个月

2019 年，我在互联网金融公司操盘单季千万级营收时，我以为我的职业生涯即将登顶。

　　然而，政策的调整让我的团队一夜之间坠入深渊，我在冰冷的长椅上熬过了人生最漫长的 12 小时。

　　虽然最终无事发生，但这场风波彻底击碎了我的骄傲。我蜷缩在家里整整 4 个月，盯着天花板质问自己：拼命折腾的意义究竟是什么？

（二）奋起：在废墟里重建自信

　　在 2020 年，连续 4 个月零收入且每个月背负上万元房贷的我，咬着牙报名"三节课"的运营训练营。

　　我每天凌晨 4 点起床写作业，把每份案例分析都拆解到极致，硬生生地把自己从"失败者"炼成班级 TOP1 的显眼包。

　　这份狠劲让我意外收到"三节课"的橄榄枝，也重新燃起我的斗志，最终我拜入了《运营之光：我的互联网运营方法论与自白》一书的作者黄有璨老师的门下。

　　再后来我甚至跨界当剧本杀店长、代运营美业公司。那些年我像块海绵，疯狂地吸收商业模型、用户心理和运营密码，却始终找不到属于自己的容器。

（三）怀疑：千万级营收背后的隐痛

　　互联网金融千万级营收的战绩，看似是职场高光时刻，实则可能埋藏着隐患。

　　当我在中国人民大学读研期间给同学拆解案例时，台下掌声越响，我内心越惶恐——操盘过这么多项目，为什么我始终觉得自己是站在别人的舞台上的临时演员？

（四）波折：创业公司的"死亡轮盘"

　　工作 9 年跳槽 8 家创业公司，被朋友戏称"创业公司收割机"。我经历过老板凌晨 3 点打电话骂团队，目睹过融资到账当天全体裁员的荒诞，甚至亲手关停自己参与孵化的 3 个项目。

最讽刺的是，当我帮别人做转型咨询时，自己的职业定位却像一团迷雾——全能运营的反面，是"全不能"的焦虑。

（五）破局：雨麒老师点亮的那束光

2024 年，我帮妻子策划 30 岁生日发售，20 多个咨询量看似很少，却让我猛然看清：那些年扫楼建群、会销追单的经历，不正是私域裂变的雏形吗？

当接触到雨麒老师"用阳明心学做发售"的理念时，所有碎片信息瞬间整合——原来真正的操盘不是榨取流量，而是构建用户与品牌的命运共同体。

我这才明白，那在创业公司熬红的眼、在训练营挠秃的头，都是在为此刻蓄力。

就像雨麒老师说的："裂变不是人性游戏，是心与心的共振。"从运营到私域裂变发售操盘，这条路我走了 10 年。真正的战役，现在才刚开始。

二、黎明已至：解锁百万级发售业绩成就

很幸运，2024 年 12 月我就解锁了百万级发售业绩成就，很多朋友好奇我是怎么做到的，我把整场发售的框架做了拆解，希望可以给到大家一些启发。

（一）策划阶段

核心工作：确定产品定位，包括产品确认、卖点、价格、成交主张、节奏及渠道等关键要素，同时搭建裂变流程框架，为后续活动奠定基础。

物料准备：制作产品海报、公开课海报、裂变团海报等，撰写文

案，确保物料的吸引力和传播性。

（二）启动阶段

核心工作：招募裂变团成员，制定裂变机制和 SOP，组织裂变团晨会分享，确保团队成员有明确的活动流程和目标。

物料运用：利用裂变团相关海报和裂变礼物，结合教学 SOP，激励成员积极参与裂变活动。

（三）裂变阶段

核心工作：通过将案主的私域和裂变团的私域进行激活，扩大活动影响力和覆盖面。

物料支持：发布案主的"鸣枪"宣发文案，裂变团宣发文案，同时制定朋友圈文案、私戳话术等 SOP，引导成员在朋友圈进行有效宣传，吸引更多用户关注和参与。

（四）发售阶段

核心工作：通过私域直播间进行产品成交，包括干货分享、预告产品、发放优惠券及促成全款或定金成交等环节，逐步引导用户购买课程。

物料配合：制作 5 天直播主题海报、销售信和报喜海报，营造紧张的购买氛围，刺激用户下单。

（五）追销阶段

核心工作：针对未购买用户进行私聊，进一步挖掘潜在需求，促进成交。

最终，这场发售能获得成功，主要在于把握住了以下这 4 个关键点。

一是精准的产品定位和策划。在前期对产品进行全面确认和定位，明确卖点和价格等关键信息，为后续的裂变和销售打下坚实基础。

二是有效的裂变机制和团队协作。通过招募裂变团队成员，制定合理的裂变机制和SOP，充分调动团队成员的积极性，实现快速裂变。

三是丰富的物料支持和宣传渠道。制作多种具有吸引力的海报和文案，结合社群、朋友圈和直播等多种宣传渠道，扩大活动影响力，吸引更多用户参与。

四是环环相扣的活动流程。从策划到启动、裂变、发售、追销再到交付，每个阶段都有明确的核心工作和目标，各环节紧密相连，确保活动的顺利进行和最终成功。

我觉得我很幸运，在转型私域做裂变发售的过程中，遇到了雨麒老师，以及艾文、柏林两位重要的合作伙伴，是你们在我手足无措时给了我力量，让我带着爱和勇气去面对一切问题。

10年跋涉，方知暗夜里的每一步踉跄都是对光的校准。从冰冷长椅上的寒战到百万级发售战报前的热泪，我终于懂得，真正的操盘手不是计算流量的商人，而是点燃愿景的火炬手。

那些在创业废墟里捡拾的运营碎片，在房贷重压下磨砺的拆解功夫，在至暗时刻滋长的破局勇气，最终都在私域裂变发售的战场上淬炼成锋。

我相信这不是偶然的逆袭，而是一个觉醒者用10年光阴写就的必然——当操盘的温度超越技巧的纬度，成交不再是冰冷的数字博弈，而是一场又一场的生命共舞。

因为淋过雨，所以想给别人撑伞。

如果你也正面临职场迷茫，想转型成私域裂变发售操盘手，却不知道该如何开始、怕踩坑，我愿做你破局路上的那盏灯。

正如雨麒老师当年为我拨开迷雾一样，现在，请允许我用淬炼过的发售系统为你铺设一条少有人走的通关秘径。

———————————————— 张　衍 ————

- 高客单产品私域发售操盘

- 疗愈赛道单场发售145万元

- 高势能营销学院创始人

曼　琪
打造年入 30 万 ~100 万元的变现朋友圈：
真正打动人心的，永远是故事

　　我是曼琪，是爆品私域裂变发售操盘手，也是雨麒老师的私塾学员。在跟随雨麒老师学习的 4 个多月，我参与操盘了多个重要项目。

　　其中包括上海滩首届创始人 IP 开年演讲；事件营销创始人张一凡开年发售操盘（裂变 2 万人、业绩 686 万元）；出版 IP 头部笛子《拆商：解决你人生 99% 的难题》发售操盘（售书 1 万余册、裂变 7000 人）；国内影响力最大的身心培训平台，上市公司 AT 集团私域发售操盘等。

　　在这一路开挂之前，我还是一个刚毕业的学生，在海外找工作迟迟没有回音，正被焦虑、迷茫和恐惧紧紧包围着。但生命中出现的裂缝，往往是光照进来的地方。

　　在靠近雨麒老师之前，我已经在欧洲找工作半年多了。我本以为，我有两个一流学府的研究生学位，3 年以上国内著名律所及海外营销经验，找工作应该会很顺利。但是，2024 年欧洲经济形势不好，各个行业都在裁员，在本就僧多粥少的市场里，非欧盟国家、需要工签支持的外国人更是处于鄙视链的底端。

　　高昂的房租和生活费用压得我喘不过气，但我又不愿向家里伸手要钱，增添父母的负担。于是，我决定利用自己 8 年的英语学习和培训经验，做线上英语教学业务，同时加大对自己原有留学业务的宣传。

在尝试小红书、公众号等公域引流获客方式后，通过对比，我发现在私域的转化率更高。

通过精细化用户分层、针对性规划和发布朋友圈内容、抓住有效线索推动成交，我每个月可以有稳定的 5 位数收入，这足以承担我的生活成本，我肩上的担子终于稍微轻了一些。

当我想再往前一步的时候，却碰上了阻碍。

我逐渐意识到，我的付出和收获不成正比——也就是说，我在交付上做了很多事，但收的却是白菜价。同时，我也发现，我并没有站在更有价值的生态位上，我的独特优势——打造零营销感印钞机朋友圈，也发挥不出来更大的作用。

我开始动起了换生态位的念头。可是，我能做什么呢？我四处听课学习，还是毫无头绪。

这时，我认识了雨麒老师团队里的镜子老师。她非常欣赏我写的朋友圈文案，她说我这个能力如果放在私域裂变发售里，将会派上大用场。

镜子老师自己也是凭借着文案从小红书博主成功转型为私域发售操盘手的，商业价值也水涨船高。并且，雨麒老师的"以战养学"的理念也非常吸引我。确实，只有在实战过程中，才能更快迭代。

于是，我决定试一把。11 月，我加入雨麒老师的"一品千万"研习社，开启了我的新旅程。

果然，在研习社内部的发售项目中，我的"文案力"大放光彩。雨麒老师不仅注意到了我，还把我安排在许多大型发售项目里，担任核心文案操盘手。

因为她的提携，我在文案上的修炼更是突飞猛进，尤其在雨麒老师操盘的上市公司 AT 集团开年发售项目里，我对文案战略的把握和执行能力又上了一层楼。

这个项目不同于以往，特殊性就在于这是一家企业，而不是一个单独的 IP。在写文案的过程中，需要注意两点。

第一点："群像 + 统一思维"——既要充分展示参与发售项目的讲师形象，又要时刻保证与集团品牌形象保持一致。

因此，在收集好所有讲师资料后，我逐一研读并标注出他们的闪光点，同时与企业品牌手册进行对比，找到内容和理念的统一性，再撰写各位讲师的个人故事，在裂变期间发布，进一步巩固讲师和集团在潜在用户心目中的价值感。

第二点：要凸显集团产品对用户的价值。

在 IP 发售项目里，核心是"卖"人。在此次集团发售项目中，核心除了卖"群像 + 集团品牌"，还需要卖品。但在这个项目里，我们并没有采用"货架思维"（即摊开了一条一条地陈述产品，提供什么和有什么好处），而是用"卖"人的思维去卖品。

真正打动人心的，永远是故事。我们团队通过激发往期学员，获得了大量学员的故事素材，我把这些素材写成了学员专属故事。很多人在感动之余，也在心里埋下了向往加入 AT 集团的种子。

最终，我们在春节期间用 7 天的时间成功地裂变 8000 多人，第一阶段发售圆满结束。而在密集承接多个高客单 IP 的大型发售项目文案后，我对高转化的私域文案创作也有新的思考。

在创作的过程中，首先我们思想上要端正，要把用户看成一个又一个需要认真对待的，有思想、有温度的"人"，而不是一波又一波等待被收割的流量。

当我们看见了"人"，才能真正看到用户的需求和痛点，写出来的文案才能够让用户一看就感同身受，觉得"戳中我了"。如此，用户才会继续往下看，询问我们怎么获得解决方案。

在实际操作中，我们需要结合具体的场景、细节去塑造产品的价值，让用户产生共鸣。

比如，想让用户来听一场可以帮助他们省钱的公开课，那么，就可以在文案里描述"一整个月都在大手大脚花钱，月底收到信用卡账单后焦虑地睡不着觉，看到该买的东西但一摸口袋发现又没钱了"的场景，再承接公开课的信息。价值塑造到位，用户不心动都难。

最后，别忘了加上激发行动的具体指令，如"点赞""扫码进群"等，鼓励用户从心动到行动。

另外，个人IP的产品圈想要高转化，平时还需要发一些证言圈、生活圈、认知圈等，日常给用户有价值的内容，提升在用户心中的形象，把朋友圈"养好"。

养兵千日，用兵一时，平日里就把人情账户存好，当你有求于人、想要发动大家支持自己的时候，才能"足够支取"。

4个多月前的我根本不会想到，在选择付费雨麒老师，一起实战后，我能够在短时间内拿下如此优异的战绩。

非常感谢雨麒老师及推荐我的镜子老师，她们在我生命最迷茫焦虑的时候出现，引领我走到更高的位置上，运用我的优势，赋能更多企业和IP，开启业绩翻倍的增长引擎。

自一路摸索、试错、极速成长以来，我深知掌握底层逻辑及核心技能对突破困境、实现逆袭的重要性。同时，我也看到许多人在私域营销上茫然无措。比如，有人一个劲儿地发自己的产品，胡乱私信好友，却转化寥寥，还总被拉黑、删除；有人平时什么都不发，埋头搞公域流量，结果潜在用户来了之后感觉与他的人设不一致，对他的印象大打折扣，谈单也没了回音。

《增长黑盒：2024 微信朋友圈用户研究报告》显示，你每发一条圈，就有机会影响到朋友圈里 75% 的人；超过 80% 的用户看到成交后会有所行动。而且，高收入人群里有近半数的人倾向于使用朋友圈，高客单产品在朋友圈中更吃香。

如果你也想拥有一个高转化的朋友圈，我精心整理了一份《打造年入 30 万 ~100 万元的变现朋友圈》的秘籍，这里面有能一眼吸引用户的朋友圈文案撰写技巧、如何在朋友圈打造高价值个人 IP、让客户主动找你下单等秘密。

无论你是想开辟副业的职场人，还是在私域营销中苦苦挣扎的创业者，这份秘籍都能为你指明方向，带你打开财富的大门。

相遇是一场缘，希望我能在你的生命里出现，这份秘籍就作为见面礼免费送给你，期待与你的相遇。

—— 曼 琪 ——

- 私域裂变发售文案操盘手
- 操盘发售统筹师

可 洺
从生死边缘到万家灯火，
一位心理疗愈师的裂变式增长之路

一、开篇：微光与使命

我是可洺，是一位深耕教育领域的创业者与心理疗愈师，尤其擅长催眠疗法。

在广东惠州，我曾亲手缔造三家教育机构，帮助 3000 余名学子叩开重点学府的大门；在心理咨询室，我累计完成了超 10000 小时的个案咨询，用催眠疗愈技术抚平无数心灵的创伤。

教育者的价值不在于挽救多少危机，而在于提前阻断危机的发生——这是我从教 10 年后领悟的真谛，也是如今深耕家庭教育赛道的初心，还是我无数次拉住在深渊边缘徘徊的孩子时，刻进骨髓的信念。

在故事的序幕缓缓拉开之际，我满怀感激之情，想特别提及一位我生命中的贵人——李岩老师。

李岩老师，是广州·萤光微亮文化传播有限公司的创始人。正是他，让我与萤光结下了不解之缘。

二、生死时速：一场救援引发的职业革命

那天，我正上着催眠课，我的电话一直在响，挂了之后还在继

续响，铃声里透着焦急。接着，我就收到了一条短信，着实把我吓了一跳。

"可洺老师，你快来救救我的孩子吧！我的孩子现在在 28 楼，我一个人扛不住了，你赶紧过来帮帮我吧！"

看到这条信息的时候，我全身都在冒冷汗，赶紧放下手头上的所有工作赶了过去。开车的时候，我的身体都在颤抖，脑子里只有一个声音："救救孩子……"

终于，到了孩子妈妈给我发的地点。那真的是一个灾难现场，地上到处都是摔碎的东西，令人触目惊心。

我在房间外面都能听到孩子用小刀划桌子的声音，吱吱声中透露着愤怒。我隔着门，小心翼翼地问他出了什么事。

孩子说："我要跟我妈妈断绝关系！"我当时很震惊。但是，我知道绝对不能让孩子妈妈感觉到我的惊慌，她的情绪变化会直接刺激到孩子。

我的大脑开始飞速地运转，消防救援队的人还没有赶到，如果这个时候孩子一冲动，后果不堪设想。

紧急关头，我想到了李岩老师，那个在心理疗愈、家庭教育领域有着深厚造诣的智者。

我赶紧掏出手机，给李岩老师打电话，并把大致情况跟他说了一遍。

电话那边，李岩老师用温暖又坚定的声音，让我别挂电话，他会在那边指导我怎么做，这也让我放松了一分。

这个时候，消防队也到了，我又增加了一分把握。但还有一个问题摆在眼前：孩子的手上拿着小刀，很有可能会伤害自己，而且，他知道我们报了警，就冲回房间把门反锁了。

消防队的救援人员说："我们破窗吧。"这当然是保护孩子生命安全的最好的措施，但我知道这样做会在他的心灵深处埋下很深的伤痛，到底该怎么办呢？

这个时候，李岩老师说坚决不能这么做。他说："如果破窗进去，如果在这十来分钟的时间里刺激到他，他有可能会伤害自己。现在，他最需要的是引导，孩子有什么样的需求，让他说出来。"

李岩老师说："你先答应他，给孩子一个台阶。"我心里一阵打鼓，这真的可以吗？然而，结果证明，这个方法是有效的。

孩子很信任我，打开了房门，自己走了出来，那一刻，我才长长吁了一口气。看着他无助的眼神，我在心里默默跟自己讲，我一定要帮助这个孩子。

他出来以后，我才知道，他跳楼的原因是想买一双 700 元钱的鞋子，他妈妈不同意，还不断地去指责、否定他，说："你学都不上，还整天花我的钱，就是一个败家子，你看看你的鞋柜里有多少双鞋子了……"

是的，看上去很普通的一件小事情，却引发了这么大的一场风波。如果那天没有李岩老师的指导，我万一刺激到了孩子和家长，会出现什么后果谁也无法预料。

事后，李岩老师对我说了下面这番话："你看到的可能是孩子的问题，其实根源是'家庭关系'出现了问题。如果家长不改变，那么孩子的问题还是会反复地发生。"

本以为这次救援是个案，但 3 个月后，我又接到了类似的求助：另一位初三学生因学业压力过大试图轻生。

李岩老师提醒我："如果不改变家庭沟通模式，这样的悲剧会不断重演。"在李岩老师的启发下，我意识到，问题的根源往往在于家庭教育的缺失与不恰当的沟通方式。

于是，我决定调整职业方向，从一对一的心理咨询转向更广泛的心理疗愈、家庭疗愈领域，致力于传播科学的教育理念与方法。

三、破局：裂变增长的意识觉醒

2022 年，我加入李岩老师的"父母能量班"。这位深耕家庭关系 18 年的导师，不仅在心理疗愈领域有着丰富的经验，更是一位善于启发和引导他人的智者。

直到上了亲子导师班后，我才发现原来讲大课也是有方法的，而且可以帮到更多的人。

2023 年 7 月，我迎来了人生中一个意义非凡的转折点。当我在第一场百人讲座中，用"情绪冰山模型"拆解亲子冲突时，台下有家长泪光闪烁——我忽然明白，教育的意义在于把"救火式干预"升级为"防火式赋能"。

传统教育者像救生员，疲于应对个案危机；而新时代增长需要成为水利工程师，通过设计沟通渠道预防冲突。这让我在学习的旅途中收获满满，不仅在私域变现领域学到了专业技能，还有了对人性、梦想、坚持的深刻洞见。

与雨麒老师相遇后，在其帮助下，我见证了无数家庭的转变与成长，也收获了来自社会各界的认可与赞誉。雨麒老师是在我深圳求学之旅中的贵人。她深耕私域变现领域，造诣颇深。自从那次邂逅后，我便毫不犹豫地选择了与她并肩同行，这背后源自一个深植于心的目标与愿景——我渴望让"萤光微亮"这一卓越的课程疗愈体系绽放光芒，惠及更多的人。

在雨麒老师精心构建的私域发售策略的助力下，我们共同策划并成功举办了 5 场公开课，最终实现了超过 300 万元的佳绩。

雨麒老师不仅是一位专业领域的领航者，更是一位温暖人心的导师，她将"陪跑"精神演绎至极致，用实际行动诠释了何为无私的投入与奉献。

在她的引领下，我深刻领悟到了付出的真谛。雨麒老师的信念与坚持如同一盏明灯，照亮了我前行的道路。

这段经历，无疑是我人生旅途中一段不可多得的宝贵财富。

可　洺

- 雨麒教育操盘手顾问

- 雨麒教育视觉操盘手

- 发售统筹师

第七章

操盘手如何卖爆

如果你已经是一个操盘手，或者你想做一个操盘手，那么这一章节的案例，会让你直接看到操盘手是怎么进行落地实操的。

操盘手并没有职业限制，不管你是什么背景和起点，不管你当下处于什么困境，只要你想学、愿意学，只要有行动力，就可以通过裂变操盘扭转人生的颓势。

苏芷仪，"00后"大学生，原本对未来充满迷茫。在雨麒老师的引导下，凭借对设计的热爱，投身于视觉发售领域。从协助团队设计海报，到逐渐成长为视觉操盘手，她在短短半年内参与了13场现象级发售，助力16位知识付费老师实现IP视觉升级，用创意和热情为品牌赋能。

陈露，二孩宝妈，曾负债30多万元，生活艰难。她在朋友的鼓励下学习社群运营，凭借自身的努力和智慧，从社群运营"小白"一路晋升为总统筹，多次带队实现百万元的业绩，还清债务并成为平台战略合作伙伴。跟雨麒老师学习后，通过私域精细化运营和发售裂变双轨制，创造了高转化率的佳绩，为IP私域运营提供了成功范本。

宋天伟，曾在传统行业挣扎，因投资骗局负债累累。在雨麒老师的帮助下，从私域操盘"小白"开始实战锻炼，成功参与絮絮老师的发售项目，取得十几万元高客单业绩，逐渐成长为裂变操盘手，向着年入百万元的目标前进，用行动证明了"人生有翻盘的可能"。

吴烨辉，曾是研发岗位上收入微薄的职场人，后转型做销售，虽谈成过单笔百万元的订单，但也曾一度陷入困境。接触雨麒老师后，他凭借自身才华参与多个大型项目，如助力笛子姐的新书《拆商：解决你人生99%的难题》的发售，并在发售过程中不断成长，深刻领悟到发售操盘的魅力与价值。

南枝，从医学院毕业后转行金融行业，成为公司销冠和讲师。为追求时间和财富自由，她毅然离职创业，却遭遇瓶颈。跟雨麒老师学习后，她曾参与多个私域裂变项目，6 天内成功裂变 7000 多人，掌握了私域裂变的核心技能，实现了从金融销售到私域裂变操盘手的转型。

董颖昕，是一位有着 10 年英语教学经验的老师，可是却在行业竞争激烈的背景下陷入迷茫。在参加雨麒老师的课程后，她获得实战机会，参与了笛子姐的出海项目，打破了对私域的认知，学会了运用联盟思维和裂变思维盘活私域，开启了线上创富之路。

雅萱，职场宝妈，曾遭遇家庭和工作的双重困境。在接触雨麒老师的裂变操盘手课程后，参与 AT 集团等项目的发售，半年内实现了从月薪 3000 元到月入过万的跨越，不仅改善了家庭经济状况，还帮助了 100 位职场宝妈实现了轻创业梦想。

有点甜，新媒体公司文案主管，因公司业绩下滑，萌生出做副业的想法。在雨麒老师的指导下，她从内向自卑逐渐变得自信，成功主导家庭教育项目的社群运营，帮助多位老师实现高业绩发售，解锁了私域裂变领域的多项成就。

章小珠，世界 500 强外企高管，遭遇职业中难以突破的瓶颈后，转型成为私域裂变操盘手。在雨麒老师的帮助下，她迅速掌握了私域操盘底层逻辑，参与了多个大型项目，如助力笛子姐的新书售出万本，开启了副业新征程。

盛韵清，体制内教师，因抑郁接触身心灵课程后，辞去工作转而创业。她在雨麒老师的影响下，学习社群裂变与事件营销，通过成功操盘羊乳粉项目，验证了事件营销的价值，总结出事件营销的核心策略，助力身心灵领域老师实现破圈与变现……

他们的操盘案例，会从更细的角度给大家不同维度的启发。

在他们拿到成果的路上，雨麒充当了非常重要的角色。

如何遇贵人、良师，如何找到自己的竞争优势，如何在操盘手的层面实现"卖爆"，这章的内容会给你答案。

苏芷仪
在校大学生的蜕变，人生选择永远大于努力

我是苏芷仪，一名"00后"视觉操盘手，也是雨麒教育的操盘手顾问。

短短半年，我从一名"小白"，成了视觉发售的操盘手，跟着雨麒老师操盘了13场现象级发售，帮助16位知识付费老师实现IP发售视觉升级。

我希望让更多有需要的老师，可以通过高级的视觉表达实现自己的价值，因为我相信——美是一种蕴含生命力的力量。

别看我如今能轻车熟路地设计发售海报，半年前的我，还只是一个在宿舍熬夜刷手机、对未来充满焦虑的大学生。

那时我甚至不知道设计海报需要用什么软件，更别说让我去跟一场发售的全流程。但现在，我希望能用我的故事和经历来告诉你：只要你愿意，你也可以。

一、总有些惊奇的际遇，会帮你找到人生意义

半年前，我和周围的同学一样，对未来充满了迷茫与焦虑。

为了打破这种局面，为了不辜负大家的期待，我尝试了很多不同的方法：参加各种比赛、竞选学干、积极入党……

我觉得这些对于我的人生来说，都是很好的体验，但是这些真

的是我想要的吗？还是只是为了迎合这个社会的期望而去做的呢？

我又一次陷入迷茫。

就在我想"躺平"的时候，我的妈妈突然打过来一个电话，很兴奋地告诉我说，她给我报了一个 9800 元的研习社。

我心想，这是要干吗？但是，我知道我妈妈是不会害我的，所以我就这样稀里糊涂地加入了雨麒老师"一品千万"的研习社。

我一向性格内向，刚开始，我只是一个在群里"潜水"的小透明，为了更快地了解雨麒老师，我妈妈带我跨越了大半个中国来到北京，跟随在雨麒老师身边学习。

在这里，我见识了和大学里完全不同的世界，感受到了不一样的能量和愿力，我才知道，原来人生还能有这样一种选择。

在雨麒老师的文案流量爆破营里，我被她的高能量所感染，被这个温暖的场域所吸引，我逐渐打开了自己的内心，开始思考，我有什么可以帮助大家的？

在研习社的同学的提醒下，我发觉雨麒团队的视觉板块总负责人佩奇老师，总是忙碌到深夜，有时候甚至要熬通宵。

因为从小就喜欢画画，我就想我是不是可以帮到佩奇老师，于是当佩奇老师提出需求的时候，我第一次打开了作图软件。

就这样，一发不可收拾。我跟着佩奇老师在雨麒老师的各大项目中直接开始实战，也正是因为这些从零开始的挑战，虽然很辛苦，却带给我前所未有的成就感和幸福感。

在这里，我好像找到了人生的意义。

二、保持稳定，一定是未来的核心竞争力

2024 年年初，雨麒老师大手一挥，突然宣布：我们要出海啦！原来是雨麒老师和出海头部的笛子姐合作了。

作为雨麒团队的操盘手顾问，我当然不能错过这么好的机会，因为临近过年，身为佩奇老师的小助理，我也需要在短时间内完成大量的视觉物料准备工作。对我来说，这又是一场全新的挑战。

我清晰地记得那半个月，正值大学生最忙碌的期末，白天我忙着复习功课和完成作业，晚上我全身心地投入到笛子姐的发售筹备中。

为了确保视觉呈现的高标准，我不断学习新的设计技能，反复修改每一个细节。有时一组海报，我可以修改出上百个版本。但最令人不想面对的情况还是出现了，甲方不满意我们呈现的效果。我们精心设计的海报，需要重新推翻再来。既然问题出现了，那就面对它。并且，我不是一个人在战斗，有佩奇老师，还有大家。很快，我就连夜做出了让大家都满意的版本。

当看到大家都在朋友圈中发送经由我之手做的海报时，我感觉自己的朋友圈格局提升了一个等级，那一刻，我所做的一切都化为满满的成就感。

不得不说，背后有人托底的感觉实在是太幸福了！

雨麒老师这里就是一个充满爱和温暖的场域，一个充满生命力的大家庭。她教会我最关键的一课是：只有我们足够靠谱，对商业足够敬畏，做长期积累人品红利的事情，才能不断拿下项目，拿到成果。毕竟做操盘手就是一个修炼自己，让自己对商业更敬畏的过程。

三、人生最大的贵人，就是不断迭代的自己

这半年来的成长，也让我打开了许多新的认知，以下是我的几点感悟和建议，希望可以帮助同样处在迷茫期的你。

（一）慢就是快

在如今这个快节奏的时代，慢下来是一种能力，更是一种智慧。让自己静下来，让自己慢下来，体验你喜欢做的事情，体验当下的力量。

没有什么是离不开你的，没有什么是必须由你去解决的，你什么都不需要着急去做，你只需要慢慢地体验当下就好。

找到自己热爱的领域，深耕下去，即使再小的个体，只要坚持正心正念去传播文化，善意地去传播稀缺的正能量，就能穿越周期，持续成长。

（二）少就是多

在雨麒老师这里，其实有很多种类的操盘手，包括文案、视觉设计、运营和成交等方面的专家。

刚刚开始的我，什么都想要，都想抓取，但后来发现自己根本没有那么多的精力。如果你也遇到过这样的情况，我建议你选择一个你最喜欢的细分领域，成为一个专精一门的人，让别人看到你在这个领域的专业性。

（三）爱和感恩

保持一颗感恩的心，感恩出现在生命中的每一个人，不忘自己的来时路。

雨麒老师最感动我的地方，是她懂得分享与托举。她总是毫无保留地托举学员。一个人可以走得很快，但是一群人可以走得更远。利他其实也是利己。现在回望这段奇妙的旅程，我最大的收获不是设计能力的提升，而是重拾了对未来的信心。

从一个迷茫的大学生到独当一面的视觉操盘手，每一步都是突破与成长。

　　感谢雨麒老师给了我这个蜕变的机会，也感谢每一位小伙伴的信任与支持。

　　此外，还要特别感谢我的妈妈，没有她的支持就不会有今天的我。当然，还要感谢我最爱的雨麒团队的战友们，是你们让我相信：当愿力大于一切，我们就可以逆天改命。

苏芷仪

- 雨麒教育操盘手顾问

- 雨麒教育视觉操盘手

- 发售统筹师

陈　露
二孩宝妈，依靠"发售裂变＋私域精细化运营"走出人生困境，实现逆袭

我是陈露。6 年前，我是一位负债 30 多万元的二孩妈妈。

处在人生迷茫焦虑期，我不知道该往哪里走，连孩子的学费都没办法按时交。当孩子想报兴趣班时，我也只能和孩子摇摇头，那种无助感顿时涌上心头。

我渴望的那些美好的事物都和自己没什么关系了，我内心有一万个不甘心。我开始寻找各种破局的方法，功夫不负有心人，我的一位朋友向我抛来橄榄枝，让我去学习社群运营。

当时的我完全没有社群运营经验，甚至讨厌社群那种霸屏互动的信息，我觉得自己不适合这条路。

7 天社群运营体验营结束后，我朋友问我要不要加入，她可以借给我这笔学费，当时的学费只需要 1199 元，她让我沉下心来试一下。

在朋友的鼓励和支持下，我加入社群运营学习的行列里。也许我真的是走投无路了，所以当时学习起来特别认真。学习期间我像发现了新大陆一样，原来我可以设置我想要关注的人的信息，可以设置标签，可以设置备注，可以一键触达消息，可以通过调研表了解用户需求……

每学习一天就解锁一项技能，我的内心无比激动，短短 21 天的学习，我成了优秀学员，竞选上了助教。

在担任助教期间，我认真分析班主任的每一个动作，记住老师教的一个思维，凡事想要做得更好，就要有下一步的思维，往前多看几步。

我把班主任带助教布局的每一步都做了总结，并认真执行，所以我的收获和突破特别大，就这样我又晋级到了班主任的行列中。

我用同样的思维，向前多看几步，到最后，我成功解锁了如何当一名社群运营的总统筹，知道了怎么排兵布阵做好每一次的社群运营活动。

因为我的努力，被变现学园平台创始人看见，她给了我机会，让我这个新人挑战做了 7 天营的总统筹。

那也是我第一次带队操盘私域社群训练营，中间遇到了很多问题，但老师都耐心地帮我一一化解了，我最终实现了 105 万元的业绩。

在接下来的几次带队中，我都取得了非常好的成绩，3 个 7 天营实现了平均 273 万元的业绩，最高的一次实现了 487 万元的业绩。

我的命运也彻底因为接触了社群运营发生了改变。我通过短短一年多的时间，不仅还清了 30 多万元的外债，还被平台创始人选中共创事业，成了平台的战略合作伙伴。我开始带队，给机构和一些知识 IP 做线上私域社群的运营，实现私域的裂变增长。

在跟随平台创始人期间，我认真学习了海明老师的商业思维，包括如何给 IP 做定位，如何设计商业模式，如何设计产品，打造出差异化、创新型的产品，赢得竞争，通过私域的精细化运营，让每一个 IP 都能实现私域的裂变增长。

通过操盘一个又一个 IP 的项目，我意识到成为一名 IP 私域操盘手去助力 IP 实现专业产品和专业知识的传播，让更多人受益，这是一件极其有意义的事情。

通过这几年在一线的学习成长，我提升了自己的商业思维，从过往依赖老师，到现在独立操盘项目，得到了非常多 IP 老师的认可，成了老师眼中的好学生。

在独立操盘的过程中，我发现了一个问题：一个 IP 如果没有团队，那不管用什么方案，都是很难落地的。所以，如何让 IP 能够借助势能打造影响力，快速组建团队，是非常重要的。

于是我又开始思考，通过什么样的影响力事件能助力 IP 直接出圈？

在发售操盘圈转了一圈，最后在雨麒老师的直播间找到了答案。她当时在讲述自己是怎么走上裂变式发售这条路的。其中有一句话深深打动了我：做裂变式发售，就是放大 IP 的影响力和生命力。雨麒老师说，她要做一位有生命力的发售操盘手，助力更多 IP 出圈，让 IP 的产品一上市就能卖爆。

这和我的追求不谋而合，我在直播间不到 5 分钟的时间，就果断付费加入了雨麒老师的操盘课。她真的是一位实战派的老师，以教代练的方式让大家用最短的时间学会发售操盘的底层逻辑。所以很多人也能快速拿到成果。

这两年，通过"私域精细化运营 + 发售裂变的双轨制"做操盘，结果真的非常喜人。最差的时候，我们也能在 5 天训练营里实现 25% 的转化率；最好的时候，我们做到了 70% 的转化率，以下是其核心方法。

一、发售爆破五环节

蓄能期：收集 20~30 个用户的真实故事。

造势期：主题确认，打造 3 个超级符号（金句、视觉、仪式）。

引爆期：设置裂变引爆的福利（用打榜的形式建立战队，队长进行邀约裂变赢福利）。

转化期：直播＋社群双重升单机制（制造稀缺性和从众效应）。

留存期：未成交用户进入专属培育池，做第二次的精细化运营跟进。

二、私域精细运营四步法

用户分层：裂变进来的新粉丝、活跃用户、沉睡用户、忠实用户。

爆款设计：根据强刚需、需求大、微创新的底层逻辑来进行爆款设计。

内容灌溉：每日3条精准内容（痛点文案＋案例故事＋产品场景）。

裂变机制：老带新得双倍福利（裂变率提升60%）。

训练营体验：通过老带新的方式进行学习体验，设置助教服务陪伴进行跟进，用"社群＋直播＋一对一咨询"的私域成交链路，实现高客单的转化。

我相信，发售是"炸出来"的需求，私域是"养出来"的信任，双轨制营收模型搭建起来后，你的变现通道就会越来越顺畅。

想做好私域运营，要靠实战来训练。它是一项能变现的技能，并不是仅仅通过学习知识和理论就能获得的。所以想要在私域拿到好的成果，就一定要选择实战型非常强的平台，有老师手把手教学，带着实操练习。

这绝对不是仅靠一套运营SOP就能解决的事情。更重要的是要有一套私域的运作体系，要有一支用文化建立起来的私域铁军，这样就能实现私域的自运转。

在这个流量越来越贵的时代，经营好你的私域是非常重要的，它就是我们的黄金屋，需要我们精心呵护。

我非常感谢我的第一位恩师海明老师，是他带我用私域的精细化运营实现 IP 的业绩增长，让我学会了用零工经济体系构建一套私域的自运转体系。同时，我也特别感谢金雨麒老师，是她让我看到了不一样的私域操盘的世界，是她教会我如何从发售操盘的视角，让 IP 实现更大的业务增长和影响力的传播。

　　现在我跟着雨麒老师学习发售操盘，已在私域运作的基础上，裂变出源源不断的流量。

陈　露

- 私域零工经济体系构建者

- 10年私域精细化运营指导师

- 百万教育IP孵化变现导师

宋天伟
从打工人到线上私域联合操盘手，
我的人生开挂之路

　　我是宋天伟，是雨麒教育的一名学员，也是私域裂变操盘手。我跟随雨麒老师一起，联合操盘了帆总的上海滩开年演讲。

　　跟随雨麒老师学习，我最初的目的是想改变自己一直从事传统行业的现状，找一份线上的新媒体工作。

　　现在，我想帮助更多的宝妈，走出需要坐班、熬夜工作才能赚钱的生活困境，让大家都能仅靠一部手机就能实现工作与生活的平衡。

　　大家现在看到我，自信满满，侃侃而谈。其实，我也曾陷入过自我怀疑的困境，甚至有点抑郁。

　　刚开始我四处求学，花钱报课，只可惜没有一个能落地。钱花了不少，却没有一点效果，也没有任何收入。

　　这让我一度怀疑自己，觉得自己这辈子都不可能取得成功。

　　没有方向，没有引路人，我感觉我的人生只剩下原地踏步，只能辛辛苦苦地熬到退休。

　　直到遇见雨麒老师，加入"一品千万"，我从一个"小白"蜕变成了今天的操盘手。我一直记得雨麒老师经常讲的一句话：当你的愿力大于业力时，就可以改写你的人生剧本。

　　8年前，我拿着固定的工资，在农村老家过着悠闲自在的生活。

我和家人没有在城里购学区房之类的需求，生活上没有太多压力，过得十分安稳。可惜，我没有经得住高额回报的诱惑，砸了 20 多万投入某高利吸储的项目，最终血本无归。

我的人生一下子跌到了谷底。40 年的省吃俭用换来的却是一身债务，家庭生活变得一地鸡毛。为了还债，我走上了一条四处学习、培训的道路。我渴望碰到一个立刻见到大额收益的项目或培养一项能快速变现的技能，希望能够立刻翻盘，还清债务。

我每天都在做着同样的暴富梦，不停地忙碌着。可不管怎么努力，我都无法快速地拿到成果，改变生活现状，我第一次感受到了绝望。

曾经的豪言壮语成了被人嘲笑的对方，这种没有未来和希望的日子，使我看清了世界的真相。

可怜兮兮的哀求换不来别人的怜悯，只有靠自己的努力才能挺直腰杆生活。可是，太难了！没有经济实力该如何应对孩子教育、老人养老等现实问题？

我迫切希望找到自己真正的救星，带我摆脱负债困境。

好在天无绝人之路，我通过卢菲菲老师的读书营，接触了一种自己从未见过的销售模式。我怀着试试看的态度，一步步接触了雨麒老师。

简单的社群发售，也可以取得理想的成绩。我立刻被吸引了，这不就是自己苦苦寻找的方法吗？

接下来我放弃了其他一切不相关的活动，决定一心一意地跟着雨麒老师学习操盘。

我很荣幸地陪着老师见证了"一品千万"的诞生。我参加了线下课，也得到众多同学的认可，我开始慢慢地破圈成长。

我期盼继续跟随着雨麒老师学习下去，年入百万元，实现财富自由，可是这个愿望并不容易实现。

市场上，各种各样的操盘手如雨后春笋般出现，而且每个人的标签都不一样。

我刚入局，竞争就如此激烈，不免有些忐忑：我一没有战绩，二没有真正独立操盘的经验，何时才能实现年入百万元的梦想？于是我开始纠结，到底要不要继续走下去。是回过头去继续从事自己的传统事业，还是立刻轻装上阵，丢掉幻想，去深度连接实际操盘，用实实在在的数据来证明自己？我暂时没有方向。

而此时，雨麒老师及时开通了文案写作班和文案流量爆破营。她每天都在督促学员写朋友圈、发朋友圈，慢慢培养学员文案写作的能力。

同时，为了防止操盘手掉队，雨麒老师专门开通了拆解朋友圈文案的抄写营。抄写营通过梳理每个人的文案，从零开始建立朋友圈的人设。雨麒老师还鼓励我们要沉下心来打磨自己的技能，以文案为突破口，随时准备迎接考验。

我参加训练没有多长时间，就接到了同学的电话，她邀请我做絮絮老师项目的战队长。雨麒老师清楚我现在的状态，鼓励我立刻接受这个项目，期待我能带领自己的战队取得好成绩。

通过该项目，我真正地了解了发售的一些基本流程。我带领的团队成员原先是一群没有交集的人，我从组队、建群开始，分配任务，逐步建立起相互之间的信任。

每天我都要及时督促大家完成共同的任务，解答疑问，相互打气，不能掉队。同时我要写各种文案，积极配合文案组的工作，在群内互动，及时复盘，带领团队共同作战。

絮絮老师是"70后"，摄影界的教授，妥妥的技术流。她的私域用户都是同她年纪差不多的人，他们对发售操作一窍不通。

我虽然懂一些，但也不过是一个"小白"，即便是这样，我们依然帮她做出了十几万元的业绩。

感谢雨麒老师给了我参与操盘絮絮老师的项目的机会。从编写文案素材、组织领导战队到最终发售裂变环节，我全程参与了实战操练，这让我增长了经验。

这次，我创下了引以为傲的战绩。我可以自豪地讲，这是我操盘过的第一个获得成功的项目。经历过这次操盘，我变得更加自信、从容。我开始参加不同老师组织的不同行业的操盘，积累更多的实战经验。

每当想起雨麒老师的话，"用生命影响生命""心上升维""事上降维""一起做生命力操盘手"，我心里都会感到阵阵暖意。

仅仅半年的时间，我从一个"小白"成长为经验丰富的裂变操盘手。我的经历证明了世上的事情没有不可能，只有不敢想。跟着雨麒老师，确实可以创造一个又一个奇迹。

我要特别感谢雨麒老师，搭建了"一品千万"这样的平台。更感谢她给了我们实战的机会，为我们的操盘手生涯打通了一条宽广大道。

—————————————— 宋天伟 —

- 私域裂变操盘手

- 家庭财富规划师

- 个人IP咨询师

吴烨辉
刘润直播间卖爆新书，3 小时抢空 4800 册

我是吴烨辉，是一名私域裂变操盘手，也是雨麒老师的学生，目前在雨麒团队中担任操盘手顾问。

这大半年我跟着雨麒老师联合操盘了几个大型项目，包括"一品千万"裂变超 10000 人，周宇霖《人人都需要的销售演讲力》新书裂变达到 27000 册，笛子姐《拆商：解决你人生 99% 的难题》新书发售超 10000 册等。

在这些项目中，我多次为品牌书写宣发文案，文案也获得雨麒老师本人和诸多品牌方的认可。

别看我现在取得了一点小成绩，过去我遇到的难题却令人难以想象。因为自己吃过苦，所以在看到身边很多人和企业陷入困境时，便想帮助他们成功，以此来成就自己。跟随雨麒老师学习以来，我最大的感触的是：操盘——用生命影响生命，让每个人都被看到。

一、迷茫中探索

刚毕业时，我就像一只懵懂的雏鸟，怯生生地踏入职场。那时，我只是实验室里一名做研发的职场新人，每天在各种仪器和数据中埋头苦干。微薄的工资像秋天里的残叶，轻飘飘地落在手中，每月不到 2000 元的收入，哪经得住生活的狂风暴雨。

工作两三年后，我的日子不仅没有起色，反而愈发灰暗。那可怜的收入增长速度，如同蜗牛的脚步，缓慢得让人绝望。职场晋升的通道被层层阻隔，我看不到一丝发展的希望。我迫切地期待着能找到一条突围之路，挣脱这命运的枷锁。

我开始踏上改变之路，经过多次的尝试和方向调整，我毅然转型成为一名 TO B 的销售。销售的战场就像一片波涛汹涌的大海，充满了挑战和机遇，而我则是那勇敢的弄潮儿。我凭借着自己的努力和坚持，在这片大海中奋力拼搏。终于，我迎来了属于自己的高光时刻——达成了单笔订单约百万元的业绩。那一刻，我仿佛站在了世界的巅峰，所有的付出和努力都得到了回报。

然而，命运似乎总喜欢跟人开玩笑。2020 年一场突如其来的风暴，席卷了整个行业，让原本生机勃勃的市场陷入了寒冬。业绩一路下滑，公司的指标却不降反增，这压得我喘不过气来。我再次陷入了困境，迫切地想要寻找一条新的出路。

为了寻找出路，我一头扎进了互联网自媒体的海洋中，不断地探索和学习。也是这时，我接触了操盘手这个岗位。

操盘手，是通过帮他人创造价值而获得收入的，特别是发售操盘，能够在短时间内帮客户见到效果。这就像一道光照进了我黑暗的世界中，让我看到了希望。于是，我毅然决定专注做发售。

在接触了不少教发售的老师后，雨麒老师的"一品千万"发售让我眼前一亮。特别是那句"做有生命力的操盘手"，如同有魔力般，让我不自觉地想靠近雨麒老师。通过深入了解后，我发现雨麒老师不仅授课，还会带着大家实操。于是，我决定跟着雨麒老师学习。这里就像一艘在大海中航行的船，有了经验丰富的船长带领，我坚信自己能驶向成功的彼岸。

我从一开始默默学习，到跟着做项目。随着时间的推移，我越发觉得雨麒老师是一座宝藏。她不仅教我们发售的知识和技能，还热爱传统文化，不断地影响着我们，真正做到了传道授业。"操盘亦是一种修行"，我们在雨麒老师的带领下一起"心上升维，事上降维"。

雨麒老师这里是一个积极向上又温暖包容的场域，是一个充满爱的大家庭。这里的学员年龄跨度很大，从在校大学生到"60后"，职业更是各不相同。唯一相同的是我们都被雨麒老师的精神感召，我们都相信通过帮助他人成功从而能让自己也获得成功，并无时不在托举他人。因为我们知道，一言一行皆个人品牌，我们要用自己的行动书写属于自己的传奇。

二、《拆商：解决你人生 99% 的难题》发售遭遇波折，刘润直播间逆转大卖

在陆续参与几个项目后，我对发售的流程愈发熟悉，文案功底也日渐见长。终于，在 2024 年岁末，我迎来了笛子姐《拆商：解决你人生 99% 的难题》的项目。这个项目对我来说意义非凡，不仅是因为自己首次正式加入文案组，并且承担了从预热、裂变直至发售整个流程的文案输出，同时也是自己首次担任裂变实战营战队长这第二重身份，这是我在领导力提升上踏出的坚实一步。

然而，看似尽在掌握的发售流程中却出现了波折。幸好有雨麒老师这根定海神针，镇定指挥，带领我们突破重重难关。最终，我们在 7 天时间内预售锁定上千册一直到突破上万单，出版社不得不紧急加印，私域涨粉 7000 多人，转化了近百单高客单。

兵马未动，粮草先行。文案在发售过程中也承担着这样的作用。回想起 2024 年 12 月中旬早早收到加入文案组的邀请时，我很兴奋，之前几个月的持续练习终于被看到。我接到的第一个任务是要以雨麒老师的口吻出一条文案。多亏了刚经历的文案复刻营，当写文案

没有灵感时，我回想起抄写文案的时光，文案里的一幕幕场景浮现在眼前。

当第一条文案得到雨麒老师的亲口认可时，我就知道我的文案水平又精进了。

在实战营担任战队长期间，我得到了雨麒老师的赋能，我团结组内成员，个人和团队成绩较以往都取得了突破，我再次感觉到了被看到的力量。

通过前期预售直播间锁定了 2000 多册销量，这不仅提升了书的势能，还撬动了直播间的热度。虽然公私域联动本来进行得很顺利，但还是发生了意外。

此时作为总指挥的雨麒老师依然临危不乱，迅速采用备选方案。她在直播间通过精准投放和裂变，配合运营预热，在刘润直播间完成了 4800 册的图书发售。同时，也吸引了更多人来到私域，为之后的近百单高客单奠定了基础。

数字的背后，是战略的胜利，是我们团队智慧和努力的结晶。

三、案例复盘

这次的项目能取得这么好的成果，离不开以下几点。

1. 布局先行

凡事预则立，不预则废。我们精心设计营销序曲，通过一波预售锁定近 3000 册的销售量，为销量积累势能，为后续裂变奠定信任基础。

2. 裂变策略

设计团购策略让销量快速突破 5000 册，助推了第二轮增长。社群影响力转化为公域直播间热度，配合社群预热，一举突破 10000 册。

3. 用书撬动增长飞轮

通过低成本购书体验，让读者认可专业价值，私域赋能提高了高端产品服务认可度。

4. 营销节奏的把控

关键节点要做精准的市场调研，控制直播节奏和营造社群氛围。

5. 后勤支持的规划和内容把控

发售恰逢春节期间，需要格外注意库存管理和物流规划，同时要严格把控直播内容的合规性。

感谢雨麒老师，让每个人看到自己的可能性。而我也会继续在操盘和文案的道路上努力深耕，期待下一步的统筹任务会在不远的将来来临。我相信，在这条充满挑战和机遇的道路上，我一定能创造出更加辉煌的成绩。

吴烨辉

- 私域裂变发售操盘手

- 雨麒团队操盘手顾问

- 发售统筹师

南　枝
金融销售转型裂变操盘手，小私域万人增长破局之路

我是南枝，是一名私域裂变操盘手，也是雨麒老师的学生。

高一时期，我的考试排名是年级倒数，却在高考时逆袭考入了一所 211 大学的医学院。

大学毕业以后，我没有选择成为一名药师，而是转行从事金融行业。很多人都不明白我为何要放弃药师职业，也对我能否转行成功充满了质疑，但这一切我都不理会，有些事情，只有我做到了别人才会相信，才会认可。我只有埋头努力，用最终的成绩证明自己。

就这样，我从对金融销售一无所知到面对客户的提问做到对答如流，成为公司销冠。我从性格内向、不敢说话到站在讲台上侃侃而谈。我最终成为公司讲师，付出的努力也终于有了回报。

我始终坚信，要想成为人上人，必须吃得苦中苦。或许我不是人群中最聪明的，但我绝对要做最努力的。所以，只要是我选择坚持走的路，最后的结果都不会很差。

但是，在我心里始终存着一个疑问：我现在从事的行业真的是我喜欢的吗？现在的生活是我一直追求的吗？最终在内心的驱动下，我还是在业绩最好的时候选择了离职。

离职后，我没有着急找下一份工作，而是给自己留出一段空白的时间，我想用这段时间思考：我究竟想要什么样的未来。

一直以来，我想从事一份时间相对自由、收入又高的工作。药师和金融销售的工作显然达不到这两个要求。

所以，我开始尝试创业。然而，没过多久我就进入行业的瓶颈期，也发现创业并没有想象中的那样美好。

首先是收入。即使到了行业旺季，我的最高月收入也只能达到5万~7万元。虽然身处四线城市，这个收入完全可以让我过得富足，但是远远没有达到我的预期。

其次是时间。我追求的是时间自由，可以实现一边旅游一边有高收入的工作。可创业以后，我发现我的时间全部被工作占据了，没有一点私人时间。

最后是亲情。我想趁着自己年轻多做些尝试，早些实现财富自由，让父母安享晚年生活。

这时，我才发现创业并未实现我之前的构想。

思索再三，我决定放弃创业开始转型，再一次从头开始。为了实现财富自由、时间自由的心愿，我开始学习新的知识和技能。

折腾很久，金钱、精力付出一堆，却迟迟找不到适合自己的方向。我开始焦虑、失眠，对未来充满迷茫。

机缘巧合下，我从帆书接触到私域运营。学习完理论知识后，我开始尝试寻找实践机会。

无意间，我加入了由雨麒老师带领的"凡哥事件营销"的裂变营，营里的成员从最初的30人裂变到200人，又裂变到20000人，同时我们的线上业绩也突破了686万元。

这次活动中，很多人都反馈说雨麒老师真诚交付，懂得用户的需求，做的发售有温度。我觉得很不可思议，抱着好奇的心态报名了雨麒老师的线上课程，想看看能被这么多人夸奖的老师是什么样的。

没想到课程刚开始，我就已经深深地被雨麒老师的人格魅力所吸引。而她的"用生命影响生命"的理念，更是让我坚定了要追随雨麒老师学习的信念，我也成了被她影响的其中一员。线上课程完结后，我果断地报名了线下学习。

雨麒老师真是一个宝藏老师，她善于发现每一名学员的闪光点，培养每一位愿意自我成长的人。她给每位学员的意见或方案都产生了画龙点睛的效果，短短几句就能帮助我们打通发售操作时遇到的卡点，常常让我们惊叹不已。

雨麒老师作为中秦兴龙的营销顾问，主导操盘过好几场千万级的裂变发售。但她并没有安于现状，还在不断地学习、成长，不断地进行自我迭代，并且她始终秉持着"心上升维，事上降维"的做人做事理念，不断进步着。

跟随雨麒老师学习的每一天，都在不断地刷新着我的认知。无论是从理论学习到商业思维高度的上升，还是对工作、做人的深刻洞察，让我每天都有新的收获。

这次线下课程结束后，雨麒老师了解到我有销冠的经验，于是让我做"一品千万"考证班助教老师和肖厂长私域裂变的战队队长。我一边帮助有需要的同学，一边投入实战中，以战养学，在实践中继续学习，积累操盘经验。

在实战过程中，雨麒老师每天都详细地指导我们如何进行发售，如何完成私域裂变。当客户或者战队队员提出的问题我不知道该怎样解答时，我都会向雨麒老师请教，而雨麒老师总会耐心细致地解答每一个问题。她尽心尽力帮助我们实现从 0 到 1 的突破，再从 1 到 10 的转换。

虽然整个私域裂变团队只有 20 多人，但雨麒老师仍坚持亲力亲为地让每位客户感到满意，认真回答客户提出的每一个问题。为了确保发售的效果，不让客户失望，雨麒老师经常忙碌到半夜，有时更是好几天连轴转。

在雨麒老师辛苦的指导下，在团队的努力下，最终我们在 6 天内裂变了 7000 多人。

雨麒老师常说：以用户的核心利益为核心点，创造需求、挖掘需求、解决需求，以真诚的利他之心服务每一位客户。

在雨麒老师的教导下，我懂得了裂变的核心是建立共赢的机制。

同样的心法，我运用到自己的实体店上，帮助客户实现了销售业绩增长，同时我希望可以把这个方法分享给更多有需要的人，实现从线下转到线上的私域运营模式。

—— 南 枝 ——

- 专业金融规划师

- 私域裂变操盘手

- 发售统筹师

董颖昕
从英语老师转型为知识 IP 操盘手，开启线上创富之路

我是董颖昕，雨麒老师的学生，由英语 IP 老师转为私域裂变操盘手。

我曾任北京大学光华管理学院总裁班班主任。我曾经在北京海淀做了 10 年英语教师，因此，英语是我的强项。然而，随着竞争的加剧，仅凭几个人的努力想做出好成绩是非常不容易的。

在线下遇到雨麒老师时，正是我比较迷茫的时候。我学习了操盘手的课程并且拿下了裂变操盘手证书，我意识到这是个宝贵的技能，不但可以应用在自己的产品上，甚至以后都可以不再受行业或产品的限制，可以赋能更多有需要的 IP 或企业。

我自己在北大总裁班做班主任时，在没有任何带班经验的情况下也曾出色地完成过第一次开课、开学典礼及欢迎晚宴。我能照顾好所有学员的吃住行，并得到过院长及学员的认可，这不就是操盘手总统筹的角色吗？

紧接着，我继续报名了雨麒老师的裂变操盘手精品班及方案班。我在线上学习了裂变操盘的相关知识，正发愁何时才有机会能让我参与项目的实战时，雨麒老师给了我一个机会。

一直以来，雨麒老师坚持"以战养学"的理念，让我们将每次的发售实战都当作一次学习的机会。在每次发售训练时，雨麒老师

会对我们进行详细的指导。只有实践，才能让我们将学到的知识融会贯通，在实际操作中更能发现被我们忽视的细节和卡点。

雨麒老师会尽可能地让每位学员有实际操作项目的机会，即使像我这种刚跟着雨麒老师学习的新手，雨麒老师也会按照情况给我们一定的实习机会。

随后，我跟着雨麒老师操盘了跨境女王笛子姐的出海项目，将笛子姐的《TikTok 爆款攻略》及《拆商：解决你人生 99% 的难题》这些具有中国文化底蕴的产品卖到海外去。

我们通过 200 个人就把书卖出了 10000 册。我们还通过一些方法卖爆了刘润的直播间，这一下子打破了我原本对私域的认知，也打破了我一直以来对一人公司的认知。

原来一人公司不是只有你一个人干，而是将一个人干成一家公司，再用联盟思维、裂变思维、杠杆思维去将所有人的资源联动，要意识到裂变的力量，学会盘活私域。通过联盟力，通过自己私域的裂变能力，你也可以拥有将百人裂变为万人的能力。

别看我现在已经小有成绩了，其实我也经历了很长一段时间的探索和迷茫。我的大学生活是在打工和自学中走过来的，我没有参与过社团活动，也没有与喜欢的人一起泡图书馆、在自习室谈恋爱的经历。这些在我看来非常幸福惬意的大学生活，对我而言都有些奢侈，我除了学习以外，其余的时间大都用于打工。

进入社会后，我继续学习，努力考了十几个职业证书，探索过各种职业的可能性。其实我就是想探索一种自己可以接受的工作和生活状态，可以住在任何我喜欢的城市，拥有我喜欢的居住环境，可以陪伴我想陪伴的家人、朋友，也不影响自我价值的体现，有钱有闲有爱，实现真正的时间自由、财富自由和人身自由。

为了尽快达到我想要的这种生活状态，我投资房地产，买了过多的房子，让从未感到缺钱的我遇到了人生最大的一次债务危机。万般焦虑、急切地想要逆风翻盘的我，这一年都在进行各种探索、各种学习，希望有一天找到一个可以帮助我摆脱债务危机的工作。

直到遇到发售，事情才有了转机。以前的我只知道一对一销售，没想到还可以一对多地批量成交，通过这个方法我不但可以更好地帮助自己，也可以更好地帮助企业。

我意识到这是我必须尽快掌握的能力，又发现即便我把围绕发售所需要具备的能力都掌握了，想要实操落地还是没有想象中那么容易。

家人的不理解、经济的压力、朋友的质疑，这一年来我尝尽了人情冷暖，深刻体会到靠人不如靠己，只有自己不放弃，才能真正救自己！

直到遇到雨麒老师，我才意识到到底应该怎么做发售，具体细节有哪些，是出于什么原因要考虑这些因素，实操落地应该怎么做……只有在实战练习中才能够练出体感，才能够对自己未来的职业方向和自身价值有一个更加清晰的认知。

就这样，我探索了近一年的时间，找到了想要开拓线上事业的自己，遇到了可以真正带着我实战的贵人，学到了最宝贵的实战经验。我就像即将破茧的蝴蝶，虽然经历着重塑的痛苦，但这一切都值得，待山花烂漫时，我想重新体验那许久不见的人间静好……

人生的所有体验都是值得的，都是宝贵的财富，我甚至开始感激我这次所遇到的危机。它让我有机会接触更多优秀的人，抓住更有价值的机遇，开拓更大的收入管道，让我的能力配得上自己的野心。

因为自己曾经经历过，所以我知道还在挣扎并顽强向上的人们有多希望改变现状。我知道人到中年的诸多不易，所以想要真正解锁这项价值千万的营销能力，为自己及未来的企业赋能。

在经历了这么多艰辛的探索和努力之后，回望来路，我越来越深刻地感受到：功不唐捐，每一步都算数，越努力越幸运！如果在读这段文字的你正处于迷茫、低谷中，切记：只有在别人看不到的地方默默努力，才能够在万众瞩目时熠熠生辉。

董颖昕

- 裂变发售统筹师
- 资深英语教师（10年教学经验）
- 曾任北京大学光华管理学院总裁班班

  主任

雅　萱
一位职场宝妈从至暗时刻到拥抱曙光的涅槃重生

你好，我是雅萱。

在人生的舞台上，每个人都在书写着属于自己的故事。有的故事充满了鲜花与掌声，有的则布满了荆棘与坎坷。

而今天，我要讲述的是，一位普通职场宝妈在经历了人生至暗时刻后，如何通过不懈努力和正确选择，实现涅槃重生的故事。

在现代社会，职场宝妈是一个特殊的群体。她们肩负着家庭与事业的重任，常常在两者之间徘徊，寻找平衡。我也不例外。

作为一名帮助企业 IP 增业绩的裂变操盘手，同时也是无数宝妈中的一员，我的故事或许平凡，但却充满了力量。

我希望能通过我的经历，为那些还在迷茫中挣扎的宝妈们带来一丝希望。

一、遭遇至暗时刻，我终于觉醒

2020 年，一场突如其来的危机席卷了全球，也彻底地改变了我的生活轨迹。

那一年，我刚刚迎来了自己的第二个孩子，满心欢喜地期待着新生命的到来。然而，命运却在我最脆弱的时候，狠狠地给了我一击。

那段时间，我每天都在忙碌中度过。白天，我要洗衣做饭，照顾两个孩子，还要应对各种琐碎的家务事。晚上，我要随时起床喂二宝。每天都恨不得将一分钟当作两分钟在用。

随着二宝逐渐长大，我以为能稍微轻松些时，命运却再次对我开了一个残酷的玩笑，我的妈妈因为过度劳累，住进了 ICU。当医生用冰冷的语气告诉我"存活率只有 20%"时，我的世界瞬间崩塌了。

那一刻，我仿佛听到了自己内心深处的呐喊：为什么？为什么命运要这样对我？

我感到绝望，感到无助，甚至开始怀疑自己的人生。然而，生活的压力并没有就此放过我。

我的领导不断催促我返岗，同事们抱怨工作堆积如山，而我的工资也被无情地扣掉了一部分。与此同时，妈妈的医药费像一座大山一样压在我的肩上，让我喘不过气来。

那段时间，是我人生中最黑暗的时刻。我整夜失眠，头发一夜之间白了许多，内心充满了自责和内疚。

我问自己：我真的只能拖累家人吗？我是不是一个称职的女儿、妻子和母亲？这些问题像无数根针，刺痛着我的心。就在我几乎要放弃希望的时候，奇迹发生了。妈妈在医生和爸爸的精心照顾下，各项指标奇迹般地一天天恢复到正常水平。当医生告诉我妈妈脱离危险的那一刻，我泪流满面，心中的石头终于落地了。

然而，这次经历让我彻底清醒过来。我意识到，我不能再依赖妈妈了，我必须长大，必须独立，必须成为那个可以照顾她的人。我不能再让妈妈为我操心，为我劳累。我要用自己的双手，为家人撑起一片天。但现实是残酷的。

我开始审视自己的财务状况，发现我手里根本没有足够的资金去抵御生活中的任何风险。碎银几两，可解世间万般愁。那一刻，我下定决心：我要开始努力赚钱，绝不能再让妈妈为我操心劳累，我要让她过上幸福的生活!

二、觉醒成长路上，终遇贵人

觉醒后的我，开始积极寻找改变现状的方法。我利用工作之余，学习各种线上课程，希望能通过这些技能找到一条赚钱的路。

我学习了抖音运营、小红书推广、直播技巧、声音训练、育儿课程等，几乎把所有能想到的课程都学了一遍。

然而，现实却给了我当头一棒。这些课程看似丰富，但只有输入，没有实践。我花了大量的时间和金钱，却没有一项技能能真正落地。

家人的不支持让我开始怀疑自己：像我这样不会表达、不愿与人沟通的人，怎么可能翻身? 怎么可能赚到钱?

于是，我又陷入了"躺平"的状态。每天刷着手机，看着别人的生活，自我怀疑，自我否定。日子一天天过去，却没有任何改变。

我又退到了那个黑暗的角落里，看不到一丝希望。就在我不知所措的时候，命运之神再次向我伸出了援手。

有一天，我偶然进入了雨麒老师的直播间。她的裂变操盘手课程像一束光，照进了我混沌的世界中。

雨麒老师讲述的"边带娃边陪父母，轻松赚钱，潇洒生活"的状态，正是我梦寐以求的生活。

我心动不已，但之前的报课教训让我犹豫不决。直到雨麒老师说："以战养学，边学边实战，帮助'小白'落地变现。"这句话彻底打动了我。我抱着试一试的心态报了名，没想到，这竟是我人生的转折点。

三、从 0 到 1：我的第一次成功与蜕变

在雨麒老师的指导下，我开始参与各种操盘实战项目，从一个

"小白"逐渐成长为一名操盘手顾问。

我终于找到了人生方向。

第一次小发售，我卖的是 AT 集团的数字能量产品。那 3 天，我几乎没睡过一个好觉，每天都在紧张和期待中度过。当我看到销售额不断攀升，最终收获了 5 万元时，我激动得热泪盈眶。这次小小的成功给了我极大的信心，让我看到了自己的潜力。

随后，我跟着雨麒老师联合操盘了智多星老师的新书发售、笛子老师的新书《拆商：解决你人生 99% 的难题》的发售，还参与了张一凡老师的事件营销实战、肖厂长的 AI+ 数字人项目，以及 AT 集团的数字能量项目。

每一个项目都是一次挑战，也是一次成长的机会。

从月薪 3000 元到月入过万，我只用了半年时间。我不仅实现了经济上的独立，更重要的是，我找到了属于自己的价值和方向。

我依靠自己的努力，终于让父母过上了幸福的生活。

四、我的使命：帮助 100 位职场宝妈实现轻创业的创富梦想

随着我的成长，我逐渐意识到，像我这样迷茫的宝妈还有很多。她们也渴望改变现状，渴望实现自己的价值，但却不知道从何开始。

于是，我决定将自己的经历和经验分享出去，帮助更多像我一样的职场宝妈找到适合自己的定位，实现轻创业的创富梦想。

我的心愿是：在 2025 年帮助 100 位职场宝妈，用生命影响生命，帮助她们实现创富梦想。我希望通过我的努力，让更多宝妈看到希望，找到属于自己的道路。

同时，作为一名操盘手，我也希望能帮助更多的企业和 IP，通过增量实现十倍、百倍的盈利增长。我相信，只要我们选择了正确

的方向努力，就一定会有回报。

五、写在最后

雨麒老师常说："人只有选择了正确的道路，努力才有效。在不正确的道路上，再努力也是徒劳。"

回顾过去，我曾经在错误的道路上徘徊了很久，付出了大量的时间和精力，却没有任何收获。直到我遇到了雨麒老师，选择了正确的学习方向和方法，我的人生才发生了翻天覆地的变化。

我希望将这份能量传递下去，帮助更多迷茫的人找到方向，创造属于自己的奇迹。无论你是宝妈、职场人士还是创业者，只要你愿意改变，愿意努力，就一定能够找到属于自己的那片天空。

最后，我想感谢雨麒老师的指导和团队的支持，是他们让我从一个普通的职场宝妈成长为一名操盘手。没有他们的帮助，就没有今天的我。

如果你也感到迷茫，那么就选择改变，努力前行，你也可以成为那束光。

雅　萱

- 数字能量解码师
- 生命智慧操盘手
- 私域裂变发售统筹师

有点甜
从新媒体文案主管到私域裂变操盘手，
我的事业由副业开始

我是有点甜，是雨麒老师的学生，也是裂变发售操盘手、雨麒教育操盘手顾问，还是一家新媒体公司文案主管。

我的成绩

- 担任雨麒一品千万·文案流量爆破营组长、海报官、数据官。
- 担任雨麒一品千万·裂变操盘考证班社群运营官。
- 担任摄影教授发售项目海报官。
- 撰写疗愈赛道项目社群发售文案，业绩 120 多万元。
- 帮线上首次出道的家庭教育老师社群和文案操盘，业绩 40 多万元。
- 中国发售教父智多星·发售点金手联合操盘手，并担任海报官和文案官，业绩 300 多万元。
- 帮台湾品牌营销专家在私域仅有 300 人的情况下做文案操盘，做到 6 位数业绩。
- 肖厂长 AI 搞流量强人设成交活动裂变超 30320 人。

虽然取得了这么多成绩，但我刚开始跟雨麒老师学习的时候，非常内向、自卑、不敢发言，甚至有一次发言连声音都在发抖。

雨麒老师常说，当你的愿力大于你的业力，就可以改写人生剧本。

事实证明，我真的可以做到。

认识雨麒老师之前，我被领导说太内向，不适合当主管，从而错过升职机会，受到了打击。但我不服气，凭什么要因为性格抹杀我的努力，我不服。

我下定决心，一定要改变，向所有存在偏见的人证明：内向的人也可以当领导。

我努力工作，提升自己，同时也慢慢锻炼自己的表达能力。一年后，我升职为主管。但没想到计划赶不上变化，因公司业绩下滑，我的工资远不如升职前拿到的多。

不仅如此，公司还动不动就传出裁员的消息，搞得人人自危。主业随时被辞，我想到做副业，去打破这个僵局。

一次偶然的机会，我进入了雨麒老师的直播间。

我听到她逻辑清晰地复盘案例，活力、自信、侃侃而谈，这是我一直以来想要追求的发言状态。

当听到她的"用生命影响生命"教学及发售理念时，我已经深深被她吸引，想要跟随她学习，像她一样在裂变操盘领域取得成绩。

雨麒老师坚持"以战养学"，她坚信只有在实战中才能学到更多东西。因此，即使我刚接触私域裂变没多久，仍然能得到很多跟雨麒老师操盘的机会。随着操盘项目的增多，我渐渐了解到雨麒老师操盘一个项目时的艰辛。

后来，雨麒老师让我独自负责一个家庭教育项目的社群运营。这是我第一次不在外场打配合，而是进入内场主导一切。

我第一次独自做社群运营，有点紧张。好在，之前的项目中我积累了一些经验，加上自己主业的优势，还有雨麒老师和星萌老师托底，我的信心大增。

运营前期，我们呼吁小伙伴一起参与到发售活动中，帮助更多需要帮助的孩子和家庭。我们召集到了相同价值观的人，甚至连IP

老师的爱心大使也加入进来。

这位 IP 老师虽然线下业绩曾突破千万元，但从来没有做过线上发售，这一次他希望我们能够打造出一套"线上＋线下"的发售模型。

因老师是第一次做线上直播，没有经验。我们必须考虑到所有细节，每次开会都会讨论到凌晨，只为打磨出完美的课件、分享稿、直播间成交话术。

老师虽然没有经验，但执行力极强。每天我们指导完她以后，她就在群里学习、复盘到后半夜，空余时间练习直播间话术。

我们的努力没有白费，仅仅用了 3 天时间，我们就建立了 600人的社群。

而我的能力也被看到，老师后续的 3 次发售都点名找我一起。"一次发售感动我 3 次的人，我不找你找谁？"就这样，我在私域裂变领域的业绩逐渐叠加，开始解锁一个个成就和结果。

在第一次发售结束时，IP 老师问了这样一个问题："这次活动，很多有需要的人都过来找我了。可是平时我也经常发朋友圈，却没这么多人找。是哪里做得不好吗？"

我总结了以下几个可能存在的原因。

一、发售的优势

（一）集中曝光

在发售活动期间，课程信息得到了更集中、高强度的曝光。

相比于平时分散的朋友圈发布，发售活动能够在特定时间段内吸引更多的注意力，让有需求的人更容易注意到课程的存在。

就像举办一场盛大的促销活动，商场里的各个角落都有着大大小小的活动宣传，人们更容易被这种集中的氛围所吸引，走进商场了解商品。

（二）营造紧迫感

发售活动通常会设置时间限制、优惠期限或名额限制等，营造出一种紧迫感。这种紧迫感会促使那些有需求但一直在犹豫的人赶紧做出报名的决定。

比如，"限时折扣，仅限三天！"这样的宣传语会让人们觉得如果不抓住这个机会，就会错过优惠，更有可能会报名课程。

（三）详细介绍与引导

在发售活动中，我们往往会对课程进行更详细的介绍，包括课程内容、特色、优势及学员的收获等。同时，可能还会提供一些成功案例和学员的反馈，让潜在学员能够更全面地了解课程的价值。

例如，通过图文并茂的方式展示课程的精彩片段、学员的学习成果及老师的专业指导，能够增强课程的吸引力和可信度。

二、平时朋友圈的不足之处

（一）信息淹没

平时朋友圈的内容比较繁杂，人们可能会错过你的课程信息。在众多的生活琐事、娱乐新闻等信息中，课程推广很容易被人忽略。

就像在一个热闹的集市中，你的声音很容易被周围的嘈杂声所掩盖。

（二）缺乏引导

平时朋友圈的发布可能比较简单，也没有对课程进行深入的介绍和引导。潜在学员可能不清楚课程的具体内容和价值，因此缺乏报名的动力。

比如，只是简单地说"有一门很棒的课程"，而没有具体说明课程的优势和适合的人群，很难引起人们的兴趣。

（三）没有紧迫感

平时的朋友圈发布没有设置时间限制或优惠措施，潜在学员可能觉得什么时候报名都可以，从而不急于做出决定。相比之下，发售活动中的紧迫感能够促使人们更快地行动起来。

发售活动和平时朋友圈发布各有特点。发售活动能够在短时间内集中吸引有需求的人报名课程，但平时的朋友圈发布也不能忽视。我们可以通过优化平时朋友圈的内容和发布的方式，提高课程的曝光度和吸引力，同时结合发售活动，实现更好的营销效果。

我想这也是我们做裂变发售操盘手的意义——让更多好产品被看到，让更多好老师被发现。

我非常感谢雨麒老师。在雨麒老师"愿力大于业力"的影响下，我变得更自信，内心更丰盈。雨麒老师说我们不只是要做裂变操盘手，更要做我们人生的操盘手，让生命状态变得更好，因为幸福才是我们奋斗的目标。

有点甜

- 雨麒教育操盘手顾问
- 广告公司文案主管
- 裂变发售统筹师

章小珠
职场精英的二次品牌革命——
世界 500 强操盘手的破解法则

我是章小珠，大家也叫我小敏。我是雨麒教育操盘手中的一员，曾以最快时间摸索出私域操盘的底层逻辑，曾在刚刚学习了一个月后就接到 IP 案主的操盘邀请。

我曾参与操盘"上海滩首届创始人 IP 开年演讲"，作为操盘手，整个团队 3 天裂变 6800 人，招募了 300 多人来到上海的线下。

同年，我帮助跨境女王笛子姐的新书《拆商：解决你人生 99% 的难题》售出 10000 本，为 AT 集团线上课操盘，还有肖厂长的 AI 开年大课裂变万人进群项目。

我曾经以为，大学毕业后能够有幸成为两家世界 500 强外企的管培生，外企高管可能就是我职业生涯的终点。

直到我认识了雨麒老师，成为一名私域裂变操盘手，我才知道人生有多种可能性。

初入职场，我是一个毫无经验的"小白"，凭借骨子里那股不服输的劲头，让我在每一个工作项目中都全力以赴，认真对待。

此后 10 年，我凭借着自己的努力和对业务的深度钻研，不断突破自我，斩获多项公司荣誉，成功从基层销售晋升为资深区域销售经理，实现了职业生涯的跨越式发展。

2022 年后，公司面临严峻挑战。而此时，公司启动新业务整合，这既是挑战，更是机遇。

我主动承担起主要责任，带领团队深入研究市场需求，结合公司战略方向，成功搭建起公司首个复杂项目。这个项目不仅实现了一体化定制流程的创新，还为公司树立了发展的新标杆，成为公司业务发展的重要里程碑。

在此期间，我积极对接新品海外定制项目，通过与国际团队的紧密合作，提升了公司产品的国际竞争力。

同时，我主导与一家拥有6000家实体加盟店的品牌方展开合作，深入了解其运营模式和需求，成功推动合作项目SOP的落地实施。在一年的时间里，我将该项目的年度GSV从500万元提升至2000多万元，为公司在低迷的市场环境中开辟出了全新的业务增长曲线。

同年6月，在公司盛大的财年年会上，我作为公司新业务拓展的核心推动者，被安排坐在第一排，与公司北亚区总裁邻座。

这一特殊待遇，不仅是对我个人努力的高度认可，更是公司对我在新业务领域做出卓越贡献的有力肯定，激励着我在未来的职业道路上继续砥砺前行。

我本以为在职场上，我还大有可为，却没想到很快就碰到了职业瓶颈。随着公司整体业绩的下滑，我失去了晋升空间，这与我的人生规划产生了极大的偏差。是守着这份工作到职业生涯的完结，还是搏一把做新的尝试？我选择了后者。

在与跨行的朋友交流后，我果断地从实业转型成为自媒体。自媒体现在已经成为大趋势，顺着市场趋势走，是金子总会发光的。

在一次偶然的机会下，我亲身感受到了私域裂变发售的威力。仅仅依靠几个人，竟然就能带来几万人的裂变，带来百万级的营收。我开始关注这个行业，并且在2025年年初，接触到了雨麒老师和雨麒教育平台。

我翻看了雨麒老师公众号中所有的文章，被她的人生故事感动，也被她的人格魅力所吸引。我想，一个会说出"用生命托举身边每一个人"的老师，她的课程会是什么样子的呢？

抱着试一试的心态，我报名了课程。没想到，雨麒老师的交付超出了我的预期。在课上，雨麒老师对每位同学的问题都做了细心周到的解答。有时候还额外补充内容，超值交付。

原本，我以为作为刚学习完课程的"小白"，很难找到实操的机会。正在为此发愁时，雨麒老师再次伸出了援手，给了我一个实操的机会。

原来，雨麒老师一直以来坚持"以战养学"的理念，坚持让我们在实战中学习，尽可能地为学员们提供更多的实践机会，也为我们解除了后顾之忧。

正因为这样，即使才认识雨麒老师两三个月，我就已经参加了好几个重大私域裂变发售的项目，有了很强的项目背书。

这一切都得益于认识了雨麒老师，她真的是在努力托举每一名学员。如今，我已经放弃了之前在职场打拼出的一切荣誉，开始在职场外一个全新的领域进行深耕，开启副业的生涯。

虽然可惜，但并不遗憾。

人生的道路，不一定非要一味地向前冲。有些时候，退后一步有可能会有一番新的境遇。

我现在已经不再为自己的前途和事业而焦虑了。我很认同一句话：为自己的人生创造更多的支点，能更好地减少焦虑。成为操盘手，我比以前见识得更多，丰富了人生阅历，拓展了人生的宽度。

人生没有白走的路。以前在职场上培养出的沟通能力、创新能力、表达能力在私域操盘中逐渐显露出来，以前的工作经验渐渐地和操盘经验相结合，这让我有了一份属于自己的特殊体会。

最后，我觉得作为一名女性，我们应当自立自强，闯出属于自己的天地。

在一生中，我们可能会遇到各种各样的人生卡点。如果这时能遇到愿意拉自己一把的贵人，一定要把握住机会，或许我们可以就此打开一个新的局面。毕竟在人生中，能够遇到一个亦师亦友的伙伴何其幸运。如果你有想为自己开创主业＋副业的想法，或者想在居家工作的情况下和志同道合的伙伴一起迅速实现商业变现，又或者渴望打造自己的流量密码，帮助 IP 提高热度，那么，你可以试着连接我们。

章小珠

- 世界五百强企业高管

- 私域裂变发售文案操盘手

- 操盘发售统筹师

盛韵清
从体制内教师到事件营销操盘手，
让身心灵影响力"卖爆"

我是盛韵清，一名从体制内教师转型为事件营销操盘手的自由创业者。

过去，我在教育行业深耕 12 年，擅长内容策划，善于激发人的生命力和内驱力。如今，我专注于通过自媒体事件营销，助力优质产品和身心灵领域的老师们实现破圈与变现。

然而，我目前的清晰路径与坚定目标，并非是从一开始就具备的。曾经，我也迷茫过，甚至一度怀疑自己能否成功实现转型。但随着时间的推移，我通过不断的学习、实践和反思，逐渐找到了自己的方向。

这一路走来，我最大的感悟是：影响力和变现并不矛盾，关键是找到适合自己的商业模式，让影响力真正"卖爆"。

一、觉醒与转型：从内容创业到事件营销

8 年前，我还是一名普通的体制内教师，每天教书、备课、批改作业，生活看似稳定，却总觉得缺少了一点什么。

我开始思考：难道我的人生只能这样了吗？

我想要改变，却又不知该从哪里入手，再加上工作压力逐渐增大，让我一度陷入抑郁，情绪濒临崩溃。

之后，我接触到了身心灵课程，并亲身体验了许多老师的课程。这些课程不仅帮助我走出了情绪的低谷，也让我发现了一个全新的世界——原来，教育可以不局限于课堂，也可以通过互联网影响更多人。

凭借 12 年的教学经验，我迅速推出了第一门课程，收获了大量学员的认可。然而，我的变现之路并不顺利。我辞去体制内的工作，开始写作、做课程、直播分享自己的经验，却未能有很好的转化。

我很困惑：为什么拥有优质的内容，却无法通过影响力变现？

起初，我以为是产品不够完善，于是我花费了大量时间打磨课程体系。可即便课程再好，销量依旧没有提升。这让我意识到一个关键问题：再好的内容，如果不懂营销，依然很难被人看到。

与其花费大量时间打造自己的产品体系，不如换个思路——甄选市场上优质的好产品，运用创意营销手法，让它们成功"卖爆"，形成案例，再用相同的方法去操盘更多身心灵领域的老师们。

二、破局之路：出书的破圈觉醒

我意识到，想要进入更好的圈子，必须要找到更新的思路和打法。这时候，我遇到了海峰老师。

海峰老师说："资源和身份比勤奋和努力更重要，加入好的圈子，拥有好的资源，你做事会更容易。"

当时的我还不懂营销，但我知道，只要跟着海峰老师，为更多人服务，就能让那些"牛人"引领我成长。

果然，参与了出书项目之后，我接触到了很多优秀的人。他们的经历、故事、思维方式，极大地拓宽了我的眼界。

三、变现之路：社群裂变与事件营销

可即使是参与了出书项目，我依然不懂该如何去销售。

在迷茫之际，我开始关注雨麒老师。

她擅长用社群裂变营销策略帮助IP打造影响力并实现商业变现。她提出的IP操盘逻辑让我豁然开朗，尤其是"让影响力与变现并行"的理念，彻底改变了我的认知。

我跟着雨麒老师一起实战打榜，参与了笛子姐的新书《拆商：解决你人生99%的难题》发售的裂变实战，也参与了张一凡事件营销开年演讲的裂变实战。

在这个过程中，我不仅了解了整个链路的打法，也突破了自己内心的一些卡点。

我也非常喜欢笛子姐和凡哥的理念。尤其是凡哥的事件营销，让我找到了真正适合自己的方向。

（一）实战验证：卖爆羊乳粉

我决定进行一次实战演练。当时我考虑过操盘线下门店，但最终选择把自己当作案例，亲自操盘一次。经过多方考察，我选择了羊乳粉作为切入点。

这款产品不仅健康，有市场潜力，还能与身心灵领域相结合，符合我的长期布局方向。

但问题是，羊乳粉市场竞争激烈，如何让我的产品在众多品牌中脱颖而出？

我决定运用事件营销，通过一系列创意活动、内容策划和社群运营，让产品在短时间内形成传播效应。

（二）具体策略

1. 短视频引流

我讲述了一个"体制内乖乖女成功转型，过上边玩边赚的自由人生"的故事，让更多的人了解我，对我产生信任。同时，我传递健康理念，让羊乳粉成为"关爱自己、滋养身心"的象征。

2. 社群深度互动

建立精准用户社群，通过知识分享＋产品试饮，提升用户的信任度和黏性。

3. 裂变式传播

设计"体验官计划"，鼓励用户分享真实感受，以口碑效应带动更多人参与。

短短几周时间，我成功打造了一个现象级营销案例，让羊乳粉销量实现指数级增长。

更重要的是，这次成功让我验证了自己的想法——事件营销是快速撬动市场的方式，而这种打法，同样可以应用到身心灵 IP 操盘中。

四、事件营销：操盘的核心逻辑

这次成功之后，我开始系统化研究事件营销，并总结出了三大核心策略。

1. 选品要有故事，让产品自带传播力

无论是羊乳粉，还是身心灵课程，想要卖爆，必须讲述真实的故事，才能打动人。

2. 利用社群做深度连接，把用户变成共创者

社群不仅是销售渠道，更是品牌与用户共同成长的空间。

3. 事件营销是最快的增长引擎

单靠内容输出，影响力增长缓慢。而事件营销，能够在短时间内创造高曝光，形成现象级传播效应。

五、写在最后

从体制内教师到事件营销操盘手，这一转变让我深刻意识到：

影响力的本质不是单向输出，而是让用户参与其中。

如果你想打造个人品牌，或者放大你的IP影响力，不妨思考一下：你的内容是否具有吸引力和故事性？你的用户是否愿意主动传播？你的产品是否真正形成了社群效应？

未来，我将继续深耕事件营销，帮助更多身心灵领域的老师们打造影响力商业模式。

如果你想了解更多关于事件营销和IP操盘的策略，欢迎关注我，让我们一起探索更多发展的可能性。

盛韵清

- 教育健康定位操盘手

- 认知觉醒创富教练

- 大健康自由人生赋能者

第八章

如何卖爆知识产品

线上主打产品就是知识类产品。

为了满足"知识产品如何卖爆"这一现实需求，我们汇聚了多位来自不同领域 IP 的宝贵经验，为大家揭示卖爆知识产品的核心秘诀。

大卫飞思在知识变现的道路上历经波折，从最初的迷茫和拖延，到通过明确 IP 定位、借助社群裂变和持续优化产品，最终实现了从职场"小白"到知识产品创作者的转变。

林健从被体制内边缘化的"职场炮灰"，借助 4-D 系统实现自我认知的突破。他通过打造个人人设、助力企业解决实际问题及构建产品闭环生态，成功实现逆袭。

慧雯放弃百万元的年薪，从阿里巴巴集团裸辞，投身内在成长领域，通过重新定位人设、优化朋友圈运营和提供私教型交付，在新赛道取得了阶段性成绩。

泾文姥姥是一位"60 后"，她勇敢地踏上了 AI 追梦之旅，致力于普及 AI 知识。尽管在项目发售过程中遇到诸多问题，但她凭借着坚定的信念和积极的行动，实现了一定的商业价值。

千百合在创业过程中，从最初卖书陷入困境，到通过调整商业模式，构建"边玩边赚"的课程和社群，满足了人们对自由生活方式和创新变现模式的追求，实现了从低谷到破局的转变。

刘涵畅在教育培训行业深耕多年，面对行业变革，她通过精准定位个人 IP，将专业知识与教育理念转化为能触达人心的知识产品，赢得了市场认可。

龙妈自幼热爱心理学，在父母的支持下学习相关专业并创业。

创业初期曾屡遭客户质疑，凭借着扎实的专业知识慢慢积累了一些客户并开始教学。他有一段时间创业受挫，后在雨麒老师的启发下，探索"书＋训练营"的知识创富模式，致力于帮助更多人实现低成本创业。

张展汇专注品牌业绩增长10年，策划了超过1000场会销，业绩破亿元。他独创了"筛选制＋纯佣结算"的业务模式与"大处着眼、小处着手"的心法。结识雨麒老师后，他学习了私域裂变方法，助力张一凡年度演讲7天实现200人到20000多人的裂变。

李思念创业11年，经历了低谷后靠输出文案逆风翻盘，实现了百万元的营收。她深耕知识变现领域，推出多门课程，打造"心金文案"风格。在雨麒老师的启发下，聚焦IP内容获客，创建"IP内容塔"与"松弛输出文案系统"，助力学员实现内容获客与变现。

在知识产品的赛道上，成功并非偶然，而是多种因素共同作用的结果。

不管是清晰明确的定位，还是精准洞察目标用户需求，抑或是有效利用流量池和多元化传播渠道……只有结合自身独特的知识体系、思想和方法论，才能打造出具有差异化竞争优势的知识产品，吸引并留住目标客户。

试着从案例中总结出适合自己的打法，让自己的产品能卖爆且会卖爆吧！

大卫飞思
打破限制，在有限的时间与能力下用 IP 卖爆知识产品

我是大卫飞思，一位尝试做知识 IP 的自媒体工作者。

一、引言：我的副业 IP 之路

七八年前，当"知识变现"还未成为风口时，我就萌生了制作心理咨询课程的想法。然而，现实却是：课程大纲改了 28 版，却从未真正上线；收集了上百个案例，却始终觉得"还不够系统"；关注了许多个知识博主，却始终觉得自己"还没准备好"。

后来有幸学习了雨麒老师的课程，她分享的一个观点让我印象深刻：知识变现不是一场百米冲刺，而是一场需要耐心与毅力的马拉松。

这句话像是一把钥匙，打开了我被"完美主义"禁锢多年的思维牢笼。

二、初识 IP：从"小白"到自我定位

刚开始，我对"IP"这个词并不熟悉。我一直把它当作一种营销工具，认为它仅仅是一个品牌或者名字。

但随着我逐渐开始尝试将自己的知识变现，我才意识到，IP 不

仅是一个商业符号，它代表的是个人独特的知识体系、思想和方法论。

真正的 IP，能够让受众信任，打破信息不对称，创造有价值的知识产品。

记得最初打造网课时，我非常迷茫。我既没有系统的课程结构，也没有明确的受众群体。我只是在自己的一些公众号文章和视频号中，随性地分享学习心得、职场技能等内容。效果远没有我预期的好。随着时间的推移，我逐渐意识到：即使内容再有价值，如果没有清晰的定位和目标受众，知识产品的推广就会变得困难。这一认识促使我开始深入思考"我能为谁提供什么独特的价值"。

我决定将自己在日常生活中对人性和生活的深刻体悟，以及在心理咨询领域积累的知识和技能，打造成一系列针对有心理困扰和成长需求的群体课程。我希望可以通过这些课程，帮助他们更好地理解自己、应对生活中的挑战，促进内心的成长与平衡，从而实现个人的心理健康和幸福感提升。

通过这一步明确定位，我有了清晰的目标和方向，并开始逐渐将自己的知识打磨成一个个易于消化、具有实践性的课程。

三、从裂变到增长：IP 如何加速知识产品的传播

有了定位后，由于资源受限，我的知识产品传播速度非常缓慢。虽然我也通过参加行业内的课程比赛锻炼并曝光自己，但对于成交的作用却不大。

直到有一次，我参加了雨麒老师关于社交裂变的课程，才意识到，裂变才是知识产品推广中不可或缺的部分。

与其单纯依靠自己的精力，不如通过粉丝和社群的力量，实现产品的快速传播。

（一）社群裂变的力量

我最早通过建立微信群与粉丝互动，分享职场相关的干货内容。通过这段时间的互动，我不仅吸引了一些忠实粉丝，还建立了一个小型的学习社群。

随着社群规模逐渐扩大，我开始尝试引导社群成员将我的课程推荐给更多的人。

通过设定一定的奖励机制，如邀请朋友加入课程获得折扣、赠送专属学习资料等，粉丝们也开始自发地成了课程的推广者。

这种社群裂变的方式让我深刻意识到，单纯的广告推广远远不如通过社群成员自发的口碑传播来得有效。

因为信任是通过长期互动建立的，社群成员推荐的内容比任何广告更有说服力。

雨麒老师在课程中提到，社群裂变的核心是"让用户成为你的合作伙伴"。这让我重新制定了裂变机制，不仅提供了物质奖励，还增加了"成长合伙人"计划，让核心用户参与到课程优化中，进一步增强他们的归属感。

（二）内容迭代与产品优化

裂变的成功虽然带来了一定的流量，但后劲明显不足。与此同时，我逐渐意识到，单一的内容产品并不足以支撑长期的增长。随后，通过加入一些"牛人"的社群，我学习到了如何通过社群运营和裂变来提高内容的影响力。

作为社群的一员，我了解到了如何通过持续的互动和内容的更新来保持用户的活跃度。我明白了，社群的运营不仅仅是发布内容，更重要的是与用户建立长期的信任关系，并通过持续的互动不断调整和优化内容。

我计划将这些经验应用到自己的 IP 变现上，不断更新和优化我的产品，通过定期推出新内容、案例分析和实用工具，确保每一次内容迭代都能够更好地满足受众的需求。这不仅能增强学员的学习兴趣，也有助于提升课程的整体价值。

同时，我也在考虑推出多层次的产品矩阵。例如，可以从初学者到进阶者的课程，满足不同人群的需求。

通过社群的力量，我也可以逐步打造个性化的心理咨询服务，帮助更多有需要的学员。

雨麒老师强调，产品迭代的关键是"小步快跑、快速试错"。这让我不再追求一次性推出完美课程，而是通过MVP（最小可行产品）测试，快速收集用户反馈，持续优化内容。

（三）利用流量池进行精准营销

除了社群裂变，我还学习了如何在社交平台上更精准地获取流量。我通过发布相关的文章、心理学思维导图和个人经验分享等方式，让我的社交媒体账号逐渐积累了更多粉丝。

我学会了通过社群运营的方式，借助"牛人"的社群和其他相关领域的IP进行跨界合作，共同推出线上活动或课程。这种合作不仅可以互相引流，还能借助双方的品牌效应，实现流量共享。

社交平台的流量池为裂变增长提供了巨大的机会。在这些平台上，我不仅能精准触达我的目标受众，还能通过平台的放大效应，让我的IP逐渐被更多人所知晓。

我计划将社群和社交平台相结合，形成更加立体的流量获取和转化机制，以进一步扩大我的IP影响力。

四、经验与心得：如何用 IP 卖爆知识产品

（一）找准定位，做独特的专家

IP 变现的第一步是要找准自己的定位。从开始的迷茫到后来的清晰定位，我逐渐认识到，做任何知识产品，首先要明确自己能够提供什么独特的价值。

只有找到自己的独特视角和专长，才能真正吸引目标群体，并建立长久的信任关系。

（二）裂变传播，借力社群和口碑

社群和裂变传播是知识产品成功卖爆的关键。

通过建立核心用户群体，让他们成为传播者，产品的传播速度会大大提升。而社群中的互动、反馈与共享，也是增加用户黏性和产品附加值的重要途径。

（三）持续迭代，产品永远不止步

市场和用户需求不断变化，知识产品必须进行持续的更新和优化。

通过收集学员的反馈，调整课程内容，推出新的学习工具和服务，可以确保产品始终处于市场的前沿，满足用户不断变化的需求。

（四）精准利用流量池，打造多元化传播

在这个信息爆炸的时代，利用社交平台和流量池的能力尤为重要。

通过社交平台获取流量，并与其他 IP 进行跨界合作，能够有效扩大自己在市场中的影响力，提升品牌的曝光度。

五、结语：IP 是卖爆知识产品的关键

通过这些年的摸索，我逐渐认识到，IP 的力量远超我当初的想象。从最初的迷茫和拖延，到现在的不断突破，我已经从一个职场"小

白"转变为一个能利用现有资源创造副业收入的知识产品创作者。

通过不断行动，调整策略，利用现有的资源和时间，我终于开始真正实现自己的副业梦想。

这一路走来，我发现，最关键的不是要创造完美的条件，而是如何在现有的条件下，付诸实践并坚持下去。

大卫飞思

- 心理咨询师

- 心富个人成长教练

- 私域营销运营陪跑顾问

林　健
4-D 高效能人生，一个寒门子弟的改运记

　　我是林健，4-D 高级导师、创业企业陪跑教练，也是某大学经管理学院特聘 MBA 导师。

　　2024 年，北京大学出版社出版了我参与编著的《高绩效管理：4-D 系统项目实践与案例解析》，获得了当当网三榜第一：新书热卖榜管理类总榜单第一名、一般管理学榜单第一名和当当飙升榜管理类总榜单第一名。

　　同时，我还获得了北京大学出版社"年度最具价值作者"奖项。

　　但其实很多人不知道，这本书的背后藏着一段从"职场炮灰"到"系统化破局者"的蜕变历程。

一、从军旅到职场：14 年工作生涯的起伏与挑战

　　1984 年在军校毕业后，我曾用两年时间从排长晋升至副营职军官，31 岁时任职副团职，6 年后转业。

　　当我转业进入世界 500 强央企后，我带领团队拿下多个标杆项目，却被卡在一个职级上 6 年。

　　我明明业务能力和业绩都很强，为什么会被边缘化？

二、2012 年的顿悟：4-D 系统如何破译我的性格

转机出现在 2012 年。一次偶然的机会，我参加了美国宇航局前高管查理·佩勒林的"4-D 卓越团队大师认证工作坊"。当系统揭示我的 4-D 天性测评结果为"蓝色天性"时，我终于找到了答案。

● 蓝色天性特点：目标导向、创新力、执行力强，喜欢自由的行为模式。

● 致命缺陷：缺失包容型的黄色与严谨细节指导型的橙色的行为模式。

"场域决定一切"，查理·佩勒林导师的这句话彻底颠覆了我的认知。

那些年，我与高管的冲突、与跨部门同事的不合，本质上都是场域能量失衡的体现。

我习惯用自己的天性行为风格与人相处，而且更关注事情，因此造成的是冲突的场域。团队中的人首先需要的是"情感共鸣"，即 4-D 系统中蓝、黄、蓝、橙的先人后事的顺序。

4-D 系统让我顿悟人生成功的底层逻辑：人与生俱来有绿、黄、蓝、橙 4 种基本的需求和对应的 4 种天性风格，只有掌握这 4 种天性行为风格的需求，才能让一个人的内在圆满而不内耗。

这让我意识到：在职场中，专业能力只是入场券，真正决定上限的是对人性的驾驭能力。

三、4-D 系统：开启我的高效能人生

（一）用 4-D 系统重塑自我

为了聚焦自己的专业领域"4-D 卓越团队系统"的修炼和推广，2014 年我主动申请调任专职书记。

面对年轻、优秀，同样是高蓝天性的新人总经理，我刻意应用黄色包容型的行为模式与他相处。

在与后续的两任总经理相处中，我也收敛了自己的蓝色行为风格，继续坚持应用黄色互动行为模式。

记得 2017 年的一次匿名测评中，大家感受到的我的主导人际互动风格就是深黄色。

（二）用 4-D 系统创造价值

2019 年中，我和 4-D 系统项目领导力首席专家周善余教练应邀为国际知名 IT 公司 HW 的某系统合作公司 SCC 的 IT 升级项目团队导入 4-D 系统。

此时项目已延期 4 个月，需求变更率达 60%，团队士气低迷到了极点。此时，我们面临着团队内部冲突和与甲方团队矛盾的双重压力。

在这种情况下，我们用 4-D 系统三步法成功帮助项目走出了困境。

一是 TDA（Team Dynamics Assessment）团队诊断评测：通过诊断发现团队能量场处于低绩效、高风险的红色区域，团队情商比行业平均水平低 45%。

二是行为改变修炼：全体团队伙伴践行和养成 4-D 系统改善人际互动的 8 大行为习惯。

三是场域再造：全体团队伙伴应用情绪管理工具——AMBR（Attention Mindset Behavior Result），培养个人情绪和能量管理能力，并坚持每天打卡分享，持续打造积极赋能的团队场域。

项目最终提前 2 个月交付，客户评价"超越合同期待"，2019 年 9 月底，该项目组的 TDA 测评报告显示，团队的社会场域（团商）已经从处于中分位（属于高风险、低绩效区域）的 73%，上升到高绩效、低风险区域的 80%。

对这个 60 多人的项目团队而言，每提升一个百分点，对人工成本节省的贡献是 12.5 万元；每提升一个百分点，对项目工期节省的贡献是 3.75 天。

（三）人课书合一线上线下闭环：用 4-D 系统打造生态

雨麒老师说，发售卖爆的关键是闭环思维，核心是人设。

闭环思维、人设，短短几个字瞬间点醒了我。我也可以打造我自己的人设，并且让产品形成闭环，助力发售。

在人设打造上，自我修炼、企业应用和 4-D 书课帮助我建立了人课合一的产品优势。

过去我在核心产品上做了初步的闭环，书、课齐全了，现在我需要打造线上和线下并行的 4-D 高绩效内容闭环系统。

改变认知的 4-D 三阶段培训课、改变行为的 4-D 实战工作坊和行动学习项目、改变绩效的 4-D 咨询项目落地，并开发了助力学习和习惯养成的 EMO 疗愈器等相关的 4-D 修炼 AI 智能体。

此时，我对我的定位和初心有了更清晰的认知，我的使命宏愿是：改善国人团队情商，倍增团队协作绩效。

从小事入手：启动全国 4-D 读书会和公益课，培养和认证 50 名 4-D 高绩效团队导师，一起携手中国高科技企业的管理者，助力企业及个人掌握持续提升团队情商、不断倍增团队协作绩效的方法。

同时，要重点强化在线上的闭环，从公众号、视频号、朋友圈、直播等平台统一发力，并重启与 4-D 志友教练的联动和裂变。

感谢 DISC+ 社群李海峰老师让我遇到金雨麒老师，让我可以有机会践行发售卖爆方法论，助力我加速实现 4-D 助人的人生目标。

雨麒老师身上充满生命力的人格魅力吸引着我，让我忍不住想靠近。我决定报名雨麒老师的课程，跟老师学习私域裂变操作。

四、写在最后

我的 4-D 逆天改运之路本质上是一场认知和行为革命。

从专业打工人到用 4-D 系统开启我的高效能人生，我深刻认识到，要用系统框架思维替代本能驱动的经验主义。

4-D 系统为我们解释了人生成败的底层逻辑。

人身上有 4 种天赋，但是大多数人都被一两个天赋所主导。

所以，人生成功的秘诀就在于让自己拥有 4 种全能的行为风格。

4-D 系统给了我们完整的自我教练和团队教练的认知、流程和工具。找到自己的天赋所在，让自己的工作既能发挥自己的天赋，又能磨砺自己的心性，同时还能帮助到他人，通过达人来达己。

让我们一起打破"命定剧本"，用系统、闭环思维和利他逻辑，打造闭环的高势能人设，携手创造社会和商业价值，打造 4-D 高效能人生。

林　健

- 4-D卓越团商系统高级导师

- 大学经管学院MBA特聘讲师兼硕士生导师

- 创业企业陪跑教练

慧 雯
从突围到开创：
斯坦福设计人生教练带你活出多维丰盛人生

我是慧雯，一名斯坦福设计人生教练，也是创业者心力创富实修营的导师。

我与雨麒老师的相识始于"DISC 授权讲师班"，她的线下分享专业、真诚又温暖，我在现场"秒变"她的"小迷妹"。

过去 3 年，我策划并主导了上百场线下成长沙龙，曾与保时捷、奔驰星友荟、工银安盛、蜜雪冰城、有赞等业界翘楚合作，共同见证了很多人成长与蜕变的喜悦。

此外，我还深度陪伴了百位企业中高管与创业者，通过一对一私教服务，助力他们从低谷中突围，累计时长已逾上千小时。

付费用户中，不乏人工智能企业的执行总裁及中层管理团队、咨询公司的创始人团队、互联网生态公司的合伙人，甚至远在美国和瑞士的华人精英，也在我的服务之列。

一路走来，客户的信任与支持坚定了我的使命。未来 5 年，我的愿景是：深度赋能 1 万名觉醒新个体，帮助他们重建身心秩序，重构精神内核，活出多维丰盛的人生。

尽管如今我在新赛道上取得了阶段性的成绩，但之前我的职场之路并非一帆风顺。24 岁，我在一家小型广告公司担任时尚杂志编辑，月薪仅 2500 元。

奋斗 10 年后，33 岁的我入职阿里巴巴集团总部，成为淘宝全球购官方 IP 的全渠道操盘手。虽拿着诱人的高薪，但巨大的业务压力让我身心俱疲，情绪一度濒临崩溃。源于对自我救赎的深切渴望，我走上了向内探索的道路。

2022 年，时机成熟之际，我做出了人生的重大抉择——放弃百万元的年薪，从阿里巴巴集团裸辞，全身心地投入到成长领域的创业浪潮中。

离职前，我在阿里巴巴集团的内网中分享了自己的心路历程，吸引了万人关注，也为我的创业之路收获了首批种子用户，后续累计变现达 6 位数。

创业初期，我采用传统心理咨询一对一按时收费的模式，随着时间推移，个案数量越来越多，这种模式的局限性逐渐显现，业务规模难以扩张。

为打破这一僵局，我决心寻求改变。我先是参加了斯坦福设计人生教练的认证学习，同时密集报名了多个关于高客单商业变现的课程。其中就有雨麒老师的"一品千万裂变发售课"。当时她采取的是市面上鲜少有人用过的打法。

10 多位大咖共创了一本发售实战手册，内容包含各赛道案例详细拆解、低转高客单的模型和高转化率的打法，其中"先胜后战""交付型裂变"等策略给了我很多宝贵的思路，促使我重新思考自己的人设定位和产品体系。

在学习过程中，我不断问自己：愿力是什么？如何在个人擅长、社会价值和用户需求中找准自己的定位？我愿意深度服务哪类用户？我的产品究竟有何独特之处？我又能为用户高效解决哪些具体问题？

在雨麒老师的"商业思维"影响下，我逐渐整合出"觉醒智慧 × 教练对话 × 潜意识疗愈"的私教陪跑模型，将原有体系重新改造，组合成一套专为高净值用户量身打造的私教服务产品。

这类客户不缺资源和能力，但亟需一套专属的能量管理方案，来突破事业与生活的双重困局。

战略调整完成后，下一个挑战便是如何获客。于是，我付费加入了多个高净值用户的年度社群，并通过朋友圈的打造，重新激活了与许多老用户的联系。

其中，一位客户曾是千万级 IP 操盘手，目前转型为高客单 IP 陪跑教练。经过 2 个月 4 次教练对话，我逐渐帮他解开了产品发售的多重信念卡点。

从人设定位到金钱观调整，从团队协作问题到对发售成绩的担忧，他重新找回了信心和行动力，顺利推出了新产品"42 天 IP 从 0 到 1 变现营"。

另一位客户是瑞士大型钢铁集团的部门负责人。因人事变动，她的部门被遣散，需另谋高就。

我为她定制了为期三个月的深度私教服务，通过整合疗愈、零极限和教练对话，帮她逐步突破职场人际关系障碍，扫除面试过程中的低效信念，全面提升能量频率。

复盘过去几年，从裸辞创业至今，我先后经历了三次"觉醒时刻"。

认知觉醒：意识到高薪≠高能量，真正的富有是生命维度的丰盛。

模式觉醒：面临一对一交付的卡点，需用新的商业模式和产品化思维迭代。

使命觉醒：赋能 10000 人重建身心秩序和精神内核，才是我的"人生蓝图"。

通过半年的转型实战，我深刻体会到"强人设打造 + 心流式朋友圈 + 私教型交付"这一组合策略的巨大威力。

（一）强人设打造：跨界融合、独特魅力

从阿里巴巴集团里的运营专家到整合疗愈师，再到斯坦福设计人生教练，三次转型让"跨界人设"成了我独特的标签。

我的每次转型，都需要巨大的勇气和对未知领域的探索欲，这不仅让我积累了丰富的实战经验，更赋予了我帮助他人快速进入新领域并取得成果的能力。

我的人设就是活生生的范例，激励着所有渴望突破自我的人，给予他们信心和勇气。

（二）心流式朋友圈：深度连接，加强信任

朋友圈，是与潜在用户建立深度信任的桥梁。多年来，我坚持遵循 STAR 模型来输出真实、有价值的内容，成了用户口中所说的"能量补给站"。

- S（Study）：学习进修的心得体会。
- T（Transformation）：活动实况与用户反馈。
- A（Aha moment）：认知干货总结与智慧文化的体悟。
- R（Real life）：素食、茶道、旅修等品质场景呈现。

这些分享如同一股清流，缓缓流入用户的心田，让他们不知不觉中对我产生了深度的信任。正是这份信任，成了后续高客单成交的关键。

（三）私教型交付：量身定制，深度陪伴

在交付环节中，我充分发挥自己在商业、心理学、疗愈、教练

等方面的综合优势，针对高净值用户的多元化需求，灵活组合运用各项技能，为用户量身定制了专属的私教方案。

我深知，每位用户都是独一无二的，他们的需求、挑战、愿景各不相同。

因此，我始终保持着高度的敏感性和灵活性，用心倾听他们的声音，深入理解他们的需求，全力以赴地陪伴他们走出迷茫与困惑，迎接胜利的曙光。

我坚信，真正的成长不是逃离现实的遁世修行，而是在纷繁复杂的商业世界中保持觉知，勇敢地翩翩起舞。

我希望通过努力让更多人意识到，商业与心灵成长并不矛盾，它们可以相辅相成，共同推动人生走向美好的未来。

慧 雯

- 斯坦福设计人生教练

- 潜意识图卡认证高级指导师

- 零极限生命成长系列课程主理人

泾文姥姥
"60 后少女姥姥" 的 AI 追梦之旅

我是泾文姥姥。今年 56 岁，我比雨麒老师大整整 20 岁。

2023 年 10 月，我参加了雨麒老师在上海的线下大课。当时我在做家庭教育，本想学习操盘为家庭教育赋能，然而当我接触到深度熊 AI 数字人项目后，我的想法发生了改变。此后，我陆续帮助 50 多位伙伴真正踏入 AI 领域之后，我成了一名用 AI 追梦的 "60 后少女姥姥"。

近几年 AI 很火，我发现很多人对 AI 的认知还停留在听过、知道的阶段，或只是在使用基础的 AI 软件。甚至更多的普通老百姓还对 AI 还心怀恐惧，或无视其发展。

在我走进深度熊 AI 商学院，被任命为上海分院院长后，我内心涌起了强烈的使命感，我发愿要让普通老百姓用极低的成本真正用上 AI，让 AI 改变生活。

仅仅两个月的时间，我就帮助超过 50 多位伙伴学会了使用 AI。伙伴们学会了做出自己数字人短视频，学会了批量生成爆款文案，还会做自己的智能体，学会用 AI 拜年，以及做各种动图短视频等。

感受到 AI 带给他们的喜悦和便捷，我无比开心。在我快 60 岁的年纪，还能找到帮助别人的项目，就算没有钱我也愿意去分享。

雨麒老师常说：勇气才是你最重要的才华，热爱才是你最好的老师。

感谢雨麒老师，她说的这些话一直激励着我不断前行。我发现我和雨麒老师是如此同频，所以我更愿意去靠近她。我毅然报名了私教，雨麒老师是我第一个进行高额知识付费的老师，我知道，这是我改变的开始。

一、父母的语言里藏着孩子的未来

从自卑懦弱到北漂打工，再到沪漂创业，这一切都源于父母的爱，他们的爱给了我力量。

我出生在新疆，从小家境贫寒，高中毕业后没有考上大学，但是爸爸的一句话"你可以在社会大学里一直学习"让我深受鼓舞，从此我开启了一边打工一边自学的奋斗之路。

我在宾馆做服务员时，利用业余时间学习英语。25岁那年，我前往北京国贸求职，成了一名办公室白领。在持续学习、不断提升自我的过程中，我结识了泰国老板，开始涉足出境旅游行业。1999年，我来到上海开办公司，开启了不一样的人生旅程。

我一直在探索如何一边环游世界，一边实现持续赚钱？如何让财富自由地流向自己，而不是被收入模式所束缚？

这段旅程是我人生的高光时刻，是父母无条件的信任和支持，才让我有勇气去追寻梦想。

2008年，我加入了携程，成为一名中层职业经理人兼国际旅游定制师，工作期间，我游历了30多个国家，体验了上天跳伞、入海潜水。同时，我还获得百万期权，挖到了人生的第一桶金。

在46岁那一年，我成了一名单亲妈妈，独自带着两个年幼的女儿。此后，11岁的大女儿患了抑郁症，中学只上了一个月就休学了。这段时间是我人生中最黑暗的时期。我几乎每天都以泪洗面，看不到光明。但我知道在天堂的父亲一直在护佑我，只要我不放弃，我就有重新站起来的勇气。

通过 5 年多的家庭教育学习，使我成了一名家庭教育指导师、情绪疗愈导师，陪伴了 50 多个家庭走出迷茫。

可是祸不单行，我投资失利，欠下了巨额债务。

2019 年，我 50 岁退休了。因其他投资失利，我不得不卖房还银行 400 万元的巨额贷款，内心非常焦虑和恐惧。但我没有被困难吓倒，而是走进家庭教育课堂学习亲子关系，和孩子高情商沟通，改善了亲子关系。

可我似乎还未找到去帮助更多人收获富足喜悦人生这一愿景的理想使命。直到我遇到雨麒老师，开启了我的新媒体创业之路。

第一次见到雨麒老师，我就发现她的表达能力很强，特别真诚，看上去有些单薄的身体有着一股力量。就这样，我成了雨麒老师的私教学员。

我还参与了上古学社国学项目的操盘。在雨麒老师的操盘项目中"熏陶"是非常幸福的事。

二、向有成果的老师学习

在一年多的时间里，我跟着雨麒老师学习操盘、撰写文案、社群运营等技能。雨麒老师不仅教会我掌握了操盘的本领，还带着我在实践中磨炼、成长。

雨麒老师让我懂得了对每一个项目都要充满敬畏和感恩，要学会用心去激发每一个生命，去打造自己的影响力，活出自己的精彩。我每一次的操盘都是激发生命的过程，特别有意义！

特别是雨麒老师"以战养学"的实操教学，让我参与了李菁老师的新书《让热爱的一切梦想成真》、刘 sir 的《定位高手》、世界记忆大师卢菲菲的《高效学习记忆法》等畅销书的发售。也正是如此，我能深入参与操盘大型项目，如格掌门第三届操盘手峰会的裂变增长发售、"一品千万"全链路的策划、书香学舍联手的线下大课等。

在这些重大项目中，我看到雨麒老师全身心地投入，每天晨会赋能都是激情满满，每次听我都会被她强烈的生命状态所感染。

非常感恩雨麒老师，是她让我知道一个操盘手的成长之路是用生命力乘风破浪。

三、找到热爱，力出一孔

受雨麒老师的影响，我一直想做一次自己的项目发售，就在 2024 年 11 月，我终于找到了一个既契合自己的天赋，又能结合自己的专业的项目——AI 轻创业创富教练，主要通过推广 AI 数字人系统开展业务。

首先，我是基于深度熊 AI 商学院这个平台提供技术和服务，在国家知识产权局正式注册，拿到国家版权专利，致力于 AI 应用推广，让普通的老百姓都能真正接触到 AI。

说实话，我时不时就会拿出雨麒老师的笔记看看，因为我做的是新项目，需要时间做市场铺垫，借着 AI 数字产品的平台有裂变系统，大大方便了裂变路径。

2024 年不只是 AI 智能体的元年，更是商业格局的拐点。适应者生存，进化者胜出。

而我，这个 "60 后" 还能跟上时代的浪潮吗？

在客户管理方面，我没有精细化地对个人客户进行分类，虽然建了 6 个粉丝群，可 3 个都被封了。另外，会议室不是专业版，无法设置背景，就连我分享的主题 PPT 都没有准备好。

尽管如此，我也愿意接纳自己的不完美。

于是，我做了一个决定。

2月1日，我在朋友圈正式官宣：做一场自己的发售，"60后少女姥姥"的 AI 追梦之旅就此诞生。

我开始招募操盘团队。我找到了3个小姐妹，一个负责运营统筹、一个担任文案官、一个作为视觉官。搭好班子后，我就开始准备产品，搭建发售链路。

我传递的信息不是卖 AI 工具，而是构建能赋能企业、超级个体和 IP 的 AIA 自动化智能系统商业生态系统。

当智能体成为真正的生产力工具，它不会取代人，而是放大人的能力。要知道，你学习的不是技术，而是 AI 思维。

由于时间仓促，发售过程中存在不少问题，这次操盘在细致程度上与雨麒老师的项目相比有很大差距。

但尽管如此，我也成功完成了一次自己的项目操盘，GMV 超过了15万元。

四、先完成，再完美；先起步，再精进

我在操盘过程中深刻体会到，雨麒老师所倡导的"做有生命力的操盘"，其核心在于每一次赋能都彰显对项目的敬畏，每个小伙伴的裂变也在不断扩大自己的影响力。

在 AI 时代，真正能驱动世界的，不是技术，而是愿力。用愿力驱动技术，用信仰凝聚人才。

愿力＝你的行动力＋你的影响力。

愿力强的人，不是靠努力，而是靠"让别人愿意跟着你做事"。所以，别再问"AI 怎么做？"而是问自己：我的愿力是什么？我想为世界创造什么？

这就是我，一个"60后"追梦的 AI"少女姥姥"。

泾文姥姥

- 深度熊AI商学院上海分院院长

- 情绪疗愈导师

- 轻创业创富教练

千百合
松弛创业法：
创业不该是苦差事，而是一场好玩的游戏

我是千百合，畅销书出品人、独立投资人、AI 赋能共创者。"用智慧与行动共创自由人生"是我一直践行的信念。

一、开篇：创业不该是苦差事，而是一场好玩的游戏

如果赚钱可以像呼吸一样自然，你的生活会是什么样？

你是否曾想过，摆脱朝九晚五的束缚，一边环游世界，一边看着账户里的数字不断增长？赚钱不靠苦熬，而是靠精准定位和价值吸引？

这不是遥不可及的梦想，而是一种可以被精准设计的商业模式。

我的目标之一是"人生百国"，目前已走过 40 多个国家。

过去，我曾作为翻译者，翻译出版了全球畅销书《富裕终生：实现个人财政自由的四个法则》。我以为一本国际畅销书会自带流量，结果现实泼了我一盆冷水——书再好，没有市场认可，一样卖不动。

这次经历让我深刻意识到：

- 市场不会因为你的产品好，就主动买单。
- 内容再好，也需要正确的营销模式。
- 个人品牌的影响力，决定了产品的价值变现。

创业的核心，不是拼命努力，而是找到正确的方向。

于是，我开始探索，最终找到了松弛创业法：不拼、不卷、不焦虑，却能自然吸引财富。

二、认知跃迁：选对圈子，增长才能持续

最初，我是在公众号上认识金雨麒老师的。她分享了自己如何从月薪 3000 元的上海小会计，到裂变发售操盘 9 位数的增长顾问，她的经历深深吸引了我。

她说，能力长在趋势上，用对方法，事半功倍。

这让我意识到——单打独斗的时代已经过去，真正将产品卖爆的人，都会顺势而为，选对圈子、跟对人很重要。

后来，通过李海峰老师的引荐，我见到了雨麒老师。她的"卖爆"理论让我深受启发，而我也彻底明白了：要想成功必须要提高自己的认知。

市场的格局，取决于你的认知半径。

李海峰老师的"超级个体"理念，让我理解了个人品牌的真正价值。

金雨麒和李海峰两位老师，一个是市场战略高手，一个是超级个体成长导师，他们的理念像一把钥匙，打开了我对创业和个人品牌的全新认知。

"思维一变，市场一片""能力长在趋势上，用对方法，事半功倍"，这两句话让我明白：我的问题从来不是书不好，而是我的营销思维不对。

雨麒老师的"卖爆"方法，让我明白了如何精准找到市场需求。

创业的核心，不是去追市场，而是让市场围绕你转；跟紧趋势，选对赛道，才能让赚钱变得简单轻松。

三、从低谷到破局：裂变模式，让市场主动找你

（一）低谷：国外的畅销书，国内却卖不动

当我把《*Money Is My Friend*》（《富裕终生》）引入中国市场时，我满怀信心地认为，一本全球畅销书，不需要额外营销，也能轻松卖爆；但是实际上，这本书无人问津。

（二）探索：突破认知壁垒，寻找方法

为了破解这个困境，我开始疯狂学习各种营销知识，包括市场推广、社群裂变、个人品牌打造……

但我很快发现：学再多的课，不去实践，依然不会赚钱；信息过载≠有效增长，关键是系统化落地。

这些知识像拼图碎片，看似学了很多，却无法拼出完整的商业蓝图。我越学越焦虑，直到意识到一个更深层的问题：人们真正想要的，从来都不只是一本书，而是书背后的价值和生活方式。

书只是知识的载体，真正的商业价值在于，让知识变成可落地、可变现的模式。

人们更渴望实践落地，追求一种自由的生活方式，让居家、工作、旅行、成长与财富流动自然融合，实现边玩边赚。

换句话说：

- 卖书，不如卖方法。
- 卖方法，不如卖体验。
- 卖体验，不如卖"理想人生"。

（三）破局：打造"边玩边赚"模式

真正的转折点不是偶然，而是思维升级。于是，我彻底调整思路，不再局限于"卖书"，而是构建一种更松弛、更符合时代趋势的商

业模式。

- 将自己在 AI 时代"边玩边赚"的经历，打磨成系统化课程"边玩边赚：AI 时代的自由人生"，帮助更多人借助 AI 赋能，在全球化时代轻松创造价值，实现高效变现。

- 招募作者共创合集书，分享他们"边玩边赚"的故事，让更多人看到变现的无限可能。

- 创建"边玩边赚俱乐部"，汇聚企业高管、创业者、自由职业者，甚至已实现财富自由的人，共同探索 AI 时代的创新变现模式。

你若盛开，清风自来。

这个想法一提出，短短时间内，就吸引了 30 多位各行各业的伙伴加入，共创、落地"边玩边赚"。

我们卖的不是产品，而是人们向往的生活方式。

这不仅是我的破局之道，更是一种顺应时代潮流、更具未来感、更可持续的创业方式。

四、松弛创业法：让市场主动找你

松弛≠"躺平"，轻松≠不作为，真正的高手，都是会努力的人。

财富，不是靠拼命挣来的，而是靠吸引力流向你的。

在 AI 时代，创业的关键不再是"死磕"流量，而是用最小阻力撬动最大市场。松弛创业法结合认知跃迁、流量杠杆、产品即营销等，让财富流向你，而不是你去苦苦追逐。

松弛创业法 = 边玩边赚 AI 高效杠杆。

核心理念：市场不会被追逐，而是会被吸引。

如何做到？我们提炼出了 4P 原则，顺势而为，轻松吸引财富。

松弛创业 4P 原则：

认知（Perception）：思维一变，市场一片机会不会凭空出现，思维决定你能看到什么样的市场。

问自己：什么能让我用最轻松的方式赚到钱？

定位（Positioning）：你才是最好的产品

个人品牌是最大的资产。

别找市场，让市场来找你。

产品（Product）：让产品自己会说话

你的产品是你的延伸，而不是你的全部。

营销不是推销，而是吸引。

吸引（Pull）：价值足够，财富自来

让市场渴望你的价值，而不是你去推销自己。

价值足够吸引人，财富自然流向你。

结论：松弛创业，轻松吸金。

五、结语：创业不用"卷"，松弛也能赢

掌握松弛创业法，你会发现：赚钱可以很轻松，创业可以很自由，市场会主动靠近你。

成功的生意不是靠苦熬，而是看见趋势、找对方向、创造价值。在 AI 时代，个体创业者的机会前所未有。

这些成就不仅让我在教育界站稳了脚跟，更让我深刻体会到教育对于个人成长和社会发展的重要性。

让能力长在趋势上，让靠谱成为基本盘。

赚钱是一种能力，轻松赚钱是一种智慧。

千百合

- 畅销书出品人

- 独立投资人

- "边玩边赚俱乐部"联合创始人

刘涵畅
我用卖爆，"卖爆"自己

我是刘涵畅，一名合道教练，一个在教育培训行业深耕 25 年的老兵，被世界华人教育家协会、中国教育企业家联盟、孔子创新教育研究院授予金牌教育精英。

从幼儿园老师到初中老师，从对外汉语教师到企业培训师，再到创办自己的文化传播公司，我的职业生涯如同一幅多彩的画卷，铺满了知识与智慧的印记。

然而，当时代的洪流将传统教育机构推向风口浪尖，我意识到，仅凭口碑已难以支撑机构的持续发展。

大环境的冲击、同行的竞争、自我营销的短板，让我陷入了深深的思考。

教育的本质是爱，但传播爱的方式需要与时俱进。

2024 年，我决定按下暂停键，关闭了自己经营了 20 多年的培训机构，回归家庭，开始了一场新的探索。按下事业的暂停键，并非是逃避，而是为了更好地出发。

回归家庭，是为了给予孩子更多的陪伴与理解；探索新事业，是为了实现自我价值，同时帮助更多人。

一、跳出舒适圈，唤醒潜能

在舒适圈中，你永远无法发现自己的无限可能。——刘涵畅

作为一个教育人，我对商业营销知之甚少，或者说因为受困于身份和职业的束缚，不愿进行商业营销，这成了我事业发展的瓶颈。

为了突破这个瓶颈，我决定跳出自己的舒适圈。我利用自己的教育资源整合能力，与各种圈子建立联系，不断拓宽自己的视野和人脉。

同时，我也开始学习新的营销手段，在这个过程中，我意识到，有价值的东西需要让更多的人知道，才能够帮助他人，实现彼此的价值。营销并非是简单的推销，而是理解用户需求，创造价值共鸣的艺术。

方法论总结

打破舒适圈：勇敢地走出自己的舒适区，尝试新的领域和方式。
整合资源：利用自己的资源，建立广泛的人脉网络，拓宽视野。
不断尝试：勇于尝试新的营销手段，找到适合自己的方式。

二、自我觉醒成长，打造个人 IP

知识不应是封闭的宝库，而应是流动的河流，滋养每一个渴望成长的心灵。——刘涵畅

作为一名资深教育者，我深知知识的力量。但如何将我的专业知识、教育理念转化为能够触达人心、引发共鸣的知识产品，是我面临的下一个挑战。

我开始不断地学习，运用教练技术进行自我内在的觉察与连接，

通过天赋测评和行为风格测评更加清晰地认识了自己的优势和潜力。

我还积极参与各类教育论坛、行业活动，并主动加入各种圈子，与各行各业的精英交流，不断拓宽自己的视野，同时也为自己的 IP 增添了更多元化的色彩。

我始终坚持以真诚的态度，分享真正有价值的内容，赢得了众人的认可和喜爱。

方法论总结

内在觉醒：通过学习和自我提升，唤醒自己的内在潜力和价值。

真诚分享：坚持真诚的态度，分享真正有价值的内容。

不断打磨：不断优化和完善自己的知识产品，提升用户体验。

精准定位：明确个人 IP 的核心价值，确定目标受众，保持内容的一致性与连贯性。

高质量内容：注重内容的原创性、实用性与情感共鸣，提升用户黏性。

多渠道传播：利用社交媒体、直播平台、在线课程平台等多渠道，扩大影响力。

三、自我成长与家庭和谐的双赢

真正的成功，不在于你拥有多少，而在于你给予了多少，以及你如何影响了周围的人。——刘涵畅

在各种探索过程中，我深刻体会到，个人的成长与家庭的和谐并非零和博弈，而是可以相互促进的。

我不断提升自己的能力、拓宽自己的视野。

一方面，我做自己喜欢、能做且能实现自我价值和利他的事情；另一方面，我通过教练技术、内在天赋测评和外在行为风格测评让

自己更加了解自己、了解家人，让我从对他人的期待中转到自我提升中。我让自己变得更加卓越，成为孩子眼中的榜样。与此同时，我不再期待孩子活成我想要的样子，而是用自己的成长给孩子托底。

我学会了如何平衡工作与生活，如何在忙碌中保持内心的宁静与喜悦。

方法论总结

创建个人平衡论：利用教练工具，提升心力，突破卡点，创建个人平衡论，促进各个维度平衡、和谐。

情感连接：加强与家人的沟通，分享彼此的成长与收获，增进理解与支持。

正面影响：通过自己的行动与变化，激励家人共同成长，传递正能量。

四、向未来，不止步

回望过去，我感恩每一次的选择与挑战，它们让我成了今天的自己。展望未来，我满怀期待，因为我知道，只要心中有梦，脚下就有路。

在一次参加线下活动中，我有幸遇到了金雨麒老师。在听完金雨麒老师的故事后，我深深地被她的人格魅力所吸引。

"用生命影响生命""以生命滋养每一位客户"的理念，同我不谋而合。我和雨麒老师都是希望能靠自身的能力，帮助他人，影响他人。

本着这样的心法，我在这篇文章中，分享的不仅是方法论与实践经验，更是一段关于自我超越、家庭和谐与时代共舞的旅程。

希望我的故事能够激励你，并让你看到，无论身处何种行业，只要勇于跳出舒适区，敢于探索未知，每个人都能成为自己生命中的英雄。

在未来的日子里，我将继续坚持自己的信念和追求，不断学习和提升自己。我相信，在未来的道路上，我会遇到更多的挑战和机遇，但我也相信，只要我保持初心和热情，就一定能够走得更远、更高。

五、给读者的启示

勇于突破：不要被自己的身份和经历所束缚，要勇于尝试新的领域和方式。

真诚分享：无论身处哪个领域，都要坚持真诚的态度，分享真正有价值的内容。

不断学习：在这个快速变化的时代中，只有不断学习和提升自己，才能保持竞争力。

我相信，我们可以一起成长、一起蜕变，共同创造更加美好的未来。

刘涵畅

- 生命觉醒教练

- 健康和美业轻创裂变顾问

- 金牌教育精英

龙 妈
从心理咨询师到知识创富指导者：
轻成本创业才是最好的

我是龙妈，是一名心理咨询师，也是一名心理学创业者。

从小我就喜欢心理学，喜欢看心理方面的书籍。但父母始终不理解，他们认为心理学不靠谱。

但是，2008 年的一场天灾，让父母了解到心理学存在的意义，他们终于开始支持我学习心理学。

2008 年 5 月，汶川地震，牵动着全国人民的心。赈灾过后，人们开始关注灾后幸存者的心理健康。

心理援助、心理专家、创伤后心理疏导等词，频繁出现在新闻媒体上。

这个时候父母才第一次认识到：心理学是能带给他人希望，助人走出困境的科学。

终于，他们支持我在高考时选择心理学，希望我将来成为能帮助他人的人。

我在西南大学和云南师范大学读完心理学的本科和研究生课程后，走上了创业的道路。

创业的道路并不顺利，没有案例积累，没有头衔加身，我遭到了很多前来咨询的客户的质疑。但是我并没有放弃，而是继续努力积累自己的原始客户。

好在，没过多久情况开始好转，客户开始增多，甚至还有人提出想跟我学习心理学知识。于是，我开始招收第一批学员，教授一些简单的心理知识，帮助他们改善心境，调节情绪。

渐渐地，我身边很多人包括曾经的学员、员工都被我影响，开始创业。他们成了我事业上的合作伙伴，而我则是他们坚实的后盾，为他们提供客户、渠道、业务、产品支持。

有人开玩笑说，我的公司是"同行孵化基地"，很多同行都是从我公司走出来的。我们既是同行业的竞争者，也是同行业的合作伙伴，更是心理学的传播者。让更多人了解心理学，帮助更多人走出心理困局，还有比这更有意义的事情吗？

此后，我逐渐转型为心理创业指导者，开始给客户分享我的创业经验。

2019 年，我开始尝试将心理学和儿童教育相结合，帮孩子们解决厌学的问题。看着专注力和记忆力训练教室里一张张稚嫩却木然的脸，我觉得我可能已经找到孩子们厌学的原因，压力太大了。

正当我尝试与校区合作准备改变这种情况时，一场席卷全球的风暴，一时之间所有的行业都遭受到强烈的冲击，每个月 5 万元的房租和 10 万元的员工工资，压得我喘不过气来。

即使我努力在网上做心理咨询，用这部分收入填补公司的资金漏洞，也只是杯水车薪。

就在我即将放弃时，一周 20 万元的流水带给我新的希望。我的自信心开始膨胀，认为在这样的经济形势下，我还能有如此高额的收款，可见现在的创业方向没有问题。

我开始扩张业务，在没有经过严格的筛选和考量下，就同 19 家校区开始了合作。我以为我可以大展宏图，实现自己心中的理想。可谁知，这 19 家校区早已资金链断裂，只是在苦苦维持，而我却毫无察觉地签下合作合同。

最终，我因为疏忽对校区的交付管理，导致公司收到了大量的投诉和退费申请。看着财务报表上那些高额的负债，我决定将学费退还，关闭公司，偿还债务。

这次花费百万元买来的教训，让我懂得：商业场上需要理智行事，创业者既要有理想，也要计算银两。在公司清算完的那一夜，我对自己说："所有弯路都是通往星辰的阶梯。"

一次失败，反而让我看清了成功的道路。

如果说这一次我学到了什么，那就是尽量远离重资产创业。积蓄来之不易，知识创富是最低试错成本的创业。

在我看来，好的创业路径要符合以下这几个特征。

1. 前期试错成本低

开个店铺，房租、装修、人工工资、货款等都需要投入高额固定成本，一旦失败将血本无归。而依靠知识创富，不需要很高的固定成本，朋友圈、短视频、直播间都可以达成交易。

2. 有产品复购体系

很多心理咨询师只做咨询，客户情况好转后就不再复购，这属于一次性收入。若想让资金流动起来，除了不断吸引新的客源，也应推出新的产品或服务，吸引客户复购。

3. 前端交付成本低

心理咨询，从来都不是一个能够看得见质量的服务产品。从客户的角度来看，他们需要相信我手上有"药"，可以治愈他们的"病"，他们才会信任我。而信任不需要高成本的投入。

4. 后端产品收益高

成交的链路是从无关系到有关系，从弱关系到强关系。有了前期的信任，客户在你这里持续消费就是必然的结果。所以你必须要有相对高客单的产品。在某种程度上，客户买的不是具体的产品，而是产品跟你绑定的关系。于是，我开始重新设计我的产品——如何通过低成本的交付吸引客源。

很长一段时间内，我都想不出如何做低成本的引流，直到我认识了雨麒老师。雨麒老师曾推出"一品千万"的裂变方式，她仅仅靠着一本书，就为自己带来了百万流量。这不就是我一直想要的模式吗？

雨麒常说："书是最好的引流品。"这更是彻底启发了我。以往，在我的认知中，书只能靠销售量或版税变现赚钱。现今，对于知识IP者来说，书已经成为撬动流量的产品，而且是持续长久的引流品。

以书为引流品，让IP和用户完成从无关系到有关系的初级转变，而后续再依托于我们设计的高质量训练营，完成高客单的转换。

"书＋训练营"的这种销售模式，我称之为"书课包"。如今，我正尝试着搭建"一书一课一生态"的创业模式。

当你捧起书本时，已经进入知识产品的生态中，成了一名学习者。

龙　妈

- 畅销书出品人

- 心理学创业者

- 知识创富教练

张展汇
100% 业绩增长，我究竟做对了什么

我是张展汇，AI 实体增长联盟发起人、雨麒教育操盘手顾问、天禹数智会销战神团成员，一个让品牌业绩裂变增长的战略操盘手。

过去 10 年，我只专注做一件事，用"活动营销＋私域核爆＋线上线下会销绝杀"的组合拳，业绩 SOP＝流量 × 转化率 × 客单价 × 复购 / 转介绍，从"流量端"和"成交端"帮品牌和超级个体把流量变成"留量"，再把"留量"变成钞票。近 2 年，我还积极拥抱最前沿的 AI 技术，给整个链路做了大幅度的升级迭代。

在上市公司工作期间，我策划、组织、执行会销及各种活动就超过 1000 场，总业绩突破亿元。我完成了 10000 小时的实践积累，培养出了基础的商业敏感，再加上从天禹数智科技有限公司辞职之后，其他地方的会销历练我也从未停止。

我也亲身参与多次大型裂变发售实战，包括中国经济商业风向标 36 氪年度重磅商业大会——WISE 2024 商业之王"年度营销创新与品牌建设案例"天禹破亿发售，一阶段 15 天裂变实战，带领团队霸榜第一名 10 天。

2025 年 1 月 6 日，在一间小小的"密室"，29.8 万件产品，削减权益之后，通过里外两个层叠案例，重塑了产品的价值。3 天后，

这款产品引起了 7 位大佬百万级的抢拍。小小的调整，业绩翻了 3 倍。

同时，削减的权益，也消除了 IP 之后的崩盘风险。

今天的流量战争不是东风压倒西风，而是全域流量核爆。再多的流量不能留下，剩下的流量无法转化，都是非常可惜的事情。

比起操盘手，我更像个产品医生，专治"好产品卖不出好价钱"的疑难杂症，既懂"卖爆"的技术，也懂卖"贵"的艺术。其实由始至终，我只是希望能够帮"好的产品价值归位"，帮"好的产品卖得更好"，帮"良币冲出劣币的围剿，甚至淘汰劣币"，我觉得这是一种莫大的福报。

目前经手的项目 100% 业绩增长，我究竟做对了什么？

一是我的业务模式——筛选制合作，0 策划费，纯佣结算，结果式付费，非 0 到 1 项目可接受"对赌式合作"的"筛选制合作"。

筛选制，做项目、创业、就业，一通百通。筛选，就是筛选行业、筛选人，然后"重构产品"。

筛选行业：时势造英雄，技术是趋势的杠杆，而非趋势的操纵者。再先进的技术，也没有办法逆转行业下滑的趋势。

筛选人：人选对了，一切都对了。好的行业，好的人，大概率做出来的产品也是好的。

重构产品：用的是双专业知识，双重视角。通过理性的财务和管理视角，以及感性的定位视角，重构产品，修炼看穿业务未来的感知能力。"定价定生死，定位定江山"，定价是价值变现的终极战场，定位是心智占领的长期战役。产品、IP 加上"定位力"，通过定行业、看对标、切市场、产品创新、心智定位 5 步做差异化定位，再运用招商手段，发挥运营力、拓客力、成交力、结盟力、工具力，小小单店也能成长为大大集团。所有的连锁店，不都是这样发展起来的吗？

二是大处着眼，小处着手。

大处有"业财平衡"框架、"业绩 SOP"模型，小处有"5 步定位"技能、"裂变发售 5 阶 12 步""会销 5 阶 38 步"技巧。运用这些方法论，我帮助诸多企业解决了业务流程中的流量和成交转化等问题。

依靠着这两条秘籍，再加上"AI+ 活动营销 + 公域引爆 + 私域核爆 + 线上线下会销绝杀"的发售思路，形成了我的产品核心，并帮助我打造出不少经典案例。

最让我感到幸运的是——在 2024 年 8 月，在天禹数智科技有限公司的线下课，我认识了金雨麒老师。

雨麒教育的私域裂变体系，能让 200 人变成 20000 人，300 人变成 30000 人，能实现 100 倍增长。这让我忍不住好奇到底是什么样的人，能够实现这么强的裂变，解决会销参会人数的问题。

在和她接触后，我获益颇多。

雨麒认为私域裂变发售不是套公式，而是始终在变化。最让我感动的是她那句：做有生命力的操盘手。

我忍不住想要看看，一个充满生命力的操盘手究竟是什么样的。所以我联系了她，并且跟随她学习私域裂变的方法。她的方法模型有很多，而且每一次的发售，都在原基础上开创新的打法。

这也让我明白了：用最合适的方式做交付，而不是模式化的交付。

其实，很多发售链路都是公开的，但雨麒老师每次都能拿到好结果，离不开她对人性的洞察和把握。

或许，她常说的"心上升维，事上降维""以道驭术，方得始终；以人为本，事在人后"，才是她强裂变、高转化的秘密。

2025 年春节前，我参加了雨麒老师操盘的"张一凡年度演讲"的发售，仅仅用了 7 天的时间，我们就从 200 人裂变到了 20000 多人。有的学员甚至放弃了原有的过节计划，专门飞往哈尔滨进行发售直播，为项目助威。我自己也去了胖东来的现场。学员这样的行为，是发自内心地认可雨麒老师，信任雨麒老师。雨麒老师用生命托举学员，学员也用生命回馈老师。一个生命被另一个生命影响，这才是最强的发售武器。

同样我也受到雨麒老师的影响，不断迭代，把过去10多年来的会销经验，总结出了一套方法论模型。"业财融合""5步定位法""裂变发售5阶12步""会销5阶38步"，这些方法我将学着雨麒老师的样子，将它们赋予生命力，让它们"活"起来。

如果发售需要生命力，那会销更需要用生命感动客户、影响客户。

我是张展汇，AI实体增长联盟发起人、同城牛实体连锁增长联盟联合开创人、雨麒教育操盘手顾问、天禹数智会销战神团正式成员，一个有着10年策划经验，组织、执行了1000场会销及各种活动，致力于让品牌业绩裂变增长的战略操盘手，很高兴与您相遇，期待与您相识。

张展汇

- AI实体增长联盟发起人

- 雨麒教育操盘手天团成员

- 天禹数智会销战神团成员

李思念
用内容撬动 IP 增长，开启超级个体的长期主义之旅

我是李思念，睿思学院创始人，"心金文案"写法的创始人。

在过去 4 年里，我坚持年输出百万字，创下了无数篇爆款的同时，也让我的原创文案在创业圈疯狂传播。

我创立的睿思学院，从 0 到 1 孵化了护肤、减肥、女性成长等多个赛道的 IP，助力私域创业者提升变现，帮助 1000 多名学员跑通"个人 IP—公域内容获客—私域自动成交"的闭环。

如果你想知道一名有着 11 年经验的创业者是如何从追逐风口到走向长期主义，选择深耕自己，找到热爱的事业；如果你也向往在这个时代靠一人创业，打造出自己的 IP 品牌，在不焦虑中稳稳创富——那么，欢迎进入我的世界。

一、从低谷中窥见天光，靠文案逆风翻盘

我从 2014 年开始私域创业，经历过多个商业周期，见证过微商、社群团购、自媒体、知识付费的崛起和红利，做过多类创业项目，也为众多创业者提供过咨询和赋能。

2021 年，在我创业的第 7 年，我经历了一次人生低谷。

其原因是我厌倦了不断追逐风口，带着团队一次次转型，却似乎毫无复利的积累。在低谷期我解散了自己的公司，告别了过去经

营的项目，沉寂了许久……

但在 3 个月后，我碰巧做对了一件事，让我从低谷再次逆风翻盘，一年时间就实现了百万元的营收，并且开启了事业的第二春。

这件事是什么呢？就是输出文案。

在低谷期时，我阅读了海量的书籍，看不同时代、不同时空的人面对困境时如何破局，我跟书中人仿佛跨越了历史长河，触碰到了彼此的灵魂，这使我慢慢开悟。我逐渐意识到，原来每一次迷茫，都是在为自己的认知买单。唯有主动成长，才是对抗人生痛苦与虚无的方式。

随着输入的增多，思维逐渐拓展，我重新复盘过去的创业经历，发现我并非什么都没有留下——我的创业经验、我的营销能力依旧在。

于是我忍不住重新拾起笔来，再次写起了文案，还随手把创作的内容，在朋友圈与小红书里进行了更新。起初，我只是想抒发自己的思考，没想到我的故事和见解竟引起了许多创业者的共鸣。他们当中，有的正在思考曾走过的路上的跌跌撞撞，有的对我的见解深表认同，我的文案突然就获得了大家的喜爱。

甚至有很多创业者找到我的微信，跟我说："被你的文案治愈了，它帮我找到了自己热爱的事业的方向。"

这些评价让我意识到，我的创业经历和思考不仅对我自己有意义，也能为他人带来价值。

我开始更加专注于内容的创作，每一次输出都是对知识的深度挖掘和思考。于是我的小红书内容开始频频登上热门，在不知不觉中涨了上万粉丝，我做起了自己的个人 IP，又重新在创业的道路上狂奔起来。

而且，我有一个原则是：坚持传递正念。正如我的名字，思、念，思行合一，正念利他。因为我曾经淋过雨，所以我不希望贩卖焦虑给创业者们，更想把看透事物本质的清醒力与自我接纳的治愈力传递给大家，一起做沉稳的长期主义创业者。

走正道，发正愿，才是最长久的。

二、扎根知识行业，跑通变现闭环

果然，真诚自有千钧之力。

我选择了深耕知识变现这个我热爱的领域，我推出的第一门小红书课程就是把我如何通过小红书创作成功吸粉获客的经验分享给大家。没想到，课程刚一面世，就有学员报名。

要知道，我是从 4 位数客单价做起的，这份支持是对我莫大的鼓励。此后，我又陆续推出了文案课、个体创业课、有温度的私域课、从 0 到 1 知识变现课……

课程得到了诸多好评和反馈。如带小红书学员快速霸屏创业赛道，那个时期随便翻翻小红书的创业赛道，我的学员做的图文笔记就占了半壁江山，且取得了精准引流的效果。如文案帮助学员实现了在私域的自动成交，一篇文案最高变现超 10 万元。如从 0 到 1 带学员做出了自己的课程，拓宽了变现渠道。

学过我的课程的学员众多，微商、电商、自媒体博主、知识付费导师、品牌方、实体店主，甚至还有海外的朋友……

2022 年，我的文案风格终于敲定了一个名字，叫作"心金文案"，寓意是既能吸金又能深入人心的文案。

当你开始亲自原创文案时，你会发现，你学会了在字里行间里思考，自己慢慢拥有了核心思想，这种思想通过文案的传播，吸引、影响、感染了更多同频的人。而影响力，也反之加持了你的个人IP，会直接作用于你的事业。

我的成功路径正是如此，以文案为线，串联起了 IP、公域获客、私域成交。

我又把这条路径形成了变现闭环，教授给了我的学员，助力他们的事业实现了业绩增长。

三、专注内容获客，助力 IP 创业者

2024 年，我遇见了雨麒老师。

第一次跟她通话时，我就仿佛照见了未来的自己。

她说："你的能力非常强，甚至比我认识的很多更有名气的人都要厉害，但是你始终在闷头做事，缺乏更多展示的舞台，你需要找到一个有差异化的生态位。"

虽是初识，雨麒老师却仿佛多年老友般懂我，戳中了我的内心，那一刻，我们的灵魂坦诚相见。

那通电话里，她还跟我讲起了她的故事，她娓娓道来，我听得津津有味。

她在我眼中就是一个商业奇才，她的每一次转型都是如此巧妙又富有智慧，她成功地把自己从一名普通的会计，变成了裂变发售的头部操盘手——这简直就是人生的升维。

人的顿悟，不需要经历漫长的时光，只需要一瞬间。我悟了，做加法是本能，而做减法才是智慧。

在她的启发之下，我重新梳理了自己的业务，从原本庞杂的交付体系，到开始聚焦研究 IP 内容获客，用我的优势，为创业者提供更好的发展方向。

我原创了一套方法，叫作"IP 内容塔"。"每个 IP 都要把内容化沙为塔"，旨在帮助 IP 创业者搭建属于自己的长期输出系统，积累 IP 内容资产。

首先是要从 IP 定位出发，帮 IP 梳理、设计出属于他的核心思想。

在我看来，每一个 IP 都有着不可替代性。想要吸粉的前提，就是要有自己独特的核心思想，并且能围绕着核心思想做内容产出、产品产出。

我帮很多学员确定了他们的核心思想。

我有一个学员叫沈安心，她是科班出身的皮肤科医生，能够帮助咨询皮肤问题的客户制定分阶段的护肤策略，于是我把她的护肤理念提炼成了"阶梯式护肤法"，帮她从原本单一地卖护肤品，升级成"产品 + 知识 +IP"的结合，拓宽了变现路径。

还有一个学员叫云佬板，是睿思学院的引流强将，擅长针对用户痛点设计引流方案，于是我帮她的引流方案起了一个名字——心动力引流法，还由此帮她绘制了一幅知识模型图。她现在已成功搭建起自己的流量矩阵，成了矩阵流量操盘手，拥有了众多慕名而来的学员。

在核心思想确定好之后，由此便可延伸出 IP 内容体系。

在我看来，IP 的内容分为三大类：一是流量型内容。围绕热点和爆款做内容，目的是拉升曝光率，让更多人能够看见你。二是获客型内容。围绕垂直人群做内容，这并不等于发广告，而是在符合公域平台规定的前提下，在内容中巧妙地激发用户的潜在需求，再通过"钩子"的设计引导用户前来咨询、付费。三是人设型内容。围绕个人 IP 做内容，讲述你的故事，表达你的价值观，让用户看完就被你这个人圈粉，一旦做好，便为后端的自动成交建立了信任基础。

三者结合布局，靠内容就能实现一人轻松获客，稳定长期变现。

而所有以上承载的基底能力，则是文案力。因此，我在此基础上又打磨出了一套"松弛输出文案系统"。

这套系统中包含基础的心金文案写法，教你怎么像我一样写出既能深入人心，又能吸金的文案；包含心流输出策略，教你沉浸式创作文案；包含 AI 提效秘籍，教你在 AI 时代，如何结合 AI 高效输出。

此时已经来到了 2025 年，随着 DeepSeek 的爆火，我也顺应趋势，研究起了 AI 创作。

当下很多人对于 AI 创作的探索，更多停留在技术层面，而我更聚焦于表达层面。

到底什么样的内容更有温度，去"AI 味"，增加"人味"；怎样的内容和"钩子"更能激发用户的付费欲，这是我们做内容营销的关键。

经过一个月的研究和尝试，我和我的学员都成功创作了多篇公众号、小红书爆文，我们又创建了一个全新的获客模型。

如我的学员竹子，她是一名减肥赛道的营养师，靠着超强的小红书内容，引流来的用户成交率甚至达到了 50%。结合 AI 创作后，开启了公众号的日更，仅用了半个月，有一篇文章达到了 3 万的阅读量，成功引流了上百人到私域，实现了精准引流、成交。

做真正有益于获客与成交的内容，是我和睿思学院的目标。

四、写在最后

创业 11 年，我逐渐找到了自己的价值，也在为他人提供的价值中收获财富。

赚钱的速度，从来不取决于一个人的忙碌程度，而是取决于方向、视野、认知与能量。

在时代的洪流中，愿你不必匆匆，花一点时间思考到底什么是自己的心之所向。

在热爱的方向上深耕，人生也会由此逐阶而上，从而收获提供价值后应得的财富，以及实现内在的自洽圆满。

李思念

- 睿思学院创始人

- "心金文案"写法创始人

- IP内容获客顾问

第九章

线下实体如何卖爆

很多人会忽略线下实体的转型需求。事实上，不管是正在稳妥盈利的线下实体，还是已经遇到了发展困境的线下实体，都不应该忽略线上的势能。

线上＋线下结合的打法，不仅是解决实体困境的关键，更是实现突围破局的抓手。

对线下实体来说，这是机会。对线上操盘手来说，这是巨大的蓝海商机。

李少萍曾是四孩宝妈，债务缠身。2020 年靠短视频为装修公司引流，自此开启了创业之路。2024 年，她结识了雨麒老师，经过学习与实战，成长为私域裂变操盘手。她将 AI 与私域裂变相结合，总结出同城实体店"AI 短视频＋私域裂变发售"方法，帮助学员提升业绩，实现自我价值与经济独立。

张芸歌是资深政企数字化顾问，深耕行业多年，凭借其专业能力与创新思维，在数字化系统领域成果斐然。凭借其专业性和稳定性，他为上千家客户量身定制数字化整体解决方案，帮助客户实现了数字化转型与升级。

戴海燕从浙江大学毕业生到多个教育相关领域的开拓者，通过创办智慧父母成长中心，引入高效学习、智慧父母理念及高情商沟通技巧，为众多家庭带去幸福与温暖。

艾嘉在儿童深度阅读领域深耕 10 年，独创"五维深度阅读"体系与轻创业模式，总结出五步闭环思维，从定位到品牌升级，助力自己和 200 多位同行成功创业。

"70 后"的李亚萍本是石油女工，此前她投身公益阅读，获评"华北油田十大好人"，后创办轻舟书院。但大环境的冲击与销售短板，让书院陷入困境。2025 年，李亚萍结识了雨麒老师，引入"共享教室 +AI 助教"模式，实现书院转型，立志于助力更多孩子提升阅读能力。

黄薇是一位专注于英语教学的教育工作者，在英语教育领域取得了一定成绩。然而，由于受到大环境的冲击和政策的影响，导致投资失败，背负上了上千万元的债务，陷入了人生谷底。但她凭借着顽强的毅力和对教育事业的热爱，毅然转型，联合原金山词霸技术团队开发出了智能 AI 英语提升训练平台，从而实现了从千万"负"婆到营收千万"富"婆的华丽转身。

岚音大学毕业后在互联网行业工作，后来遭遇职业瓶颈，于是开始探索多元渠道推广产品。后来结识了雨麒老师，被其经历与线上营销的能力所震撼。他未来希望深耕"卖爆"能力，助力更多人收获健康与财富。

任娜从传统文博行业上市公司高管跨界进入新能源领域，在创业初期面临团队协调、产品推广等重重困境，如技术、销售、品牌等部门各自为战，专业难以形成共识，资源难以转化为杠杆，招商模式被卡在细节中……在参加了雨麒老师的"AI+ 高客单裂变发售"精品班后，运用私域裂变方法论及发售思维，完成人生中第一次最小单元 MVP 新产品发售，实现了 23.4% 的转化率。她通过打造朋友圈个人 IP，带领团队"死磕"客户成功案例，帮助近 30 多位合伙人平均多赚 80 多万元……

他们的案例无疑证明，当线下与裂变发售操盘相结合，通过私域运营、高客单裂变发售等手段，就能够起死回生、突破困境。

对一个创业者来说，市场唯一不变的就是变化。

那么如何在面对每一次市场变化时精准转型，如何用产品设计直击用户痛点，如何在营销推广中打出差异化，都值得我们深思。

李少萍
AI 短视频 + 私域裂变，让我成为实体店的幕后玩家

我是李少萍，一位实体店的幕后玩家。

同时，我也是一名自媒体创业者，是百万流量的实体店的短视频博主，善于指导学员从 0 到 1 拍摄短视频，并且提供从 0 到 1 的陪跑服务。

曾经，我是装修公司的老板娘，主要是为公司做后勤工作。现在，我既是养育 4 个孩子的潮汕妈妈，也是实体店私域裂变操盘手。我一边带娃，一边打拼事业。

我是雨麒老师"一品千万研习社"的第一位学员，也是第一位拿到操盘项目的学员。作为"一品千万研习社"的资深学员，我参与过雨麒老师多个私域裂变的实战。我逐渐从一个"小白"蜕变为裂变队长，还多次带领团队拿到了裂变冠军。

我学习私域裂变操盘的原因，是想帮助更多同城实体店老板用最低的获客成本、最简单的方式，做出最大效果的品牌曝光，迅速占领同城实体店的热搜、热榜，引导消费者到店消费。

我为某品牌摩托车车行进行裂变操盘，通过拍摄短视频的方式提高了店铺的曝光量，吸引了同城网络流量。一年以后，摩托车车行的业绩翻倍。

市小区粮油店的老板娘找到我做短视频陪跑，在我的指导下，

一条短视频文案播放量达到 406 万，涨了 1000 多个粉丝。

别看我现在取得了很多成绩，有很多案例作为背书，但我在学习私域裂变操盘之前，只是一个身背债务，没有任何收入的四孩宝妈。

2019 年，老公的装修公司开张，我成了公司的老板娘。但是，我们的生活并没有因此而变得富裕。为了让装修公司顺利开展工作，我们已经花费了 30 万元，随后又多花了 10 万元从深圳专门聘请策划团队进行宣传。可是，一单业务都没有拿下。

2020 年之后，家装行业变得十分不景气，我们手里的资金只够维持公司的基本运转。

由于公司的宣传费用一直很高，我开始想办法降低这部分的成本。最终我选择了短视频作为突破口，开始学习短视频录制，尝试用较低的成本为公司做宣传。

我正好赶上了短视频的风口，虽然是新手，但仍然获得了不错的流量，也为装修公司做了很好的引流，挣到了第一桶金。看着第一桶金，我产生了重回职场创业的冲动。

随着 4 个孩子的相继出生，我成了全职宝妈。从此手心向上，没有收入的日子我过了 20 年。虽然我全心全力地培养了两个在初中、高中阶段拿下全额奖学金的孩子，但随着 4 个孩子逐渐长大，我可支配的时间越来越多，我想再为自己的事业打拼一次，同时也可以缓解家里的经济压力。因此，我开始报名付费课程，迫切地想要找到低成本获客的方法。

2024 年 7 月，我遇到了"裂变女王"雨麒老师后，终于找到了心目中需要的课程。在学习完课程后，我通过短视频陪跑＋裂变操盘，年收入超过了 10 万元。

我之所以能够在短时间内取得大成果，是因为雨麒老师的一句"人在事上磨，方能立得住"。我开始明白，不要害怕任何困难，只有克服它们才能成长。

雨麒老师真的是用"爱"带着我们做裂变，让我们以战养学，通过实战学习，直到拿到大成果。在过去的发售中，在雨麒老师的指导下，我也取得了不错的成绩。

我印象最深的是"一品千万"文案流量爆破实战营。那是我第一次当战队长，在这次的实战营中，我突然间拥有了上帝视角、导演思维，一边帮小组成员精准地找到他们的生态定位，一边搭建了属于我自己的私域发售团队。我对商业闭环开悟了。

此后，我马上操盘了人生当中第一场发售——冰皮月饼私域发售。我只是按照从雨麒老师那里学到的裂变方法、操盘流程跑了一遍，就取得了 7 天卖出 1225 个月饼的成绩。

雨麒老师经常教育我们："永远利他""真诚是商业最大的撒手锏"。

在裂变实战中，用爱学会与人建立关系的能力，很有可能会帮你找到你生命中的最佳合伙人。

一年以来，我一直跟随雨麒老师持续学习，继续参与各种实战。

在最近的 AI 智能体系裂变实战中，我们用了 7 天时间裂变突破30000 人，我们战队将 18 人裂变到了 8690 人。我在这次的裂变实战中，不仅学会了新的技能，同时也有了新的领悟。这次的操盘让我接触到了 AI 知识，体会到了 AI 带来的工作效率。这与我以往学过的互联网知识串联了起来，形成了知识体系。

随着各种行业、各种类型的操盘经验积累，我的商业认知不断提高，慢慢地我已经能够看懂一些简单的商业底层逻辑。

这次裂变实战结束以后，我开始尝试将 AI 和私域裂变相结合，没想到真的成功了。

我总结出了一套同城实体店老板"AI 短视频 + 私域裂变发售"的方法，实现了低成本引流、做成交、高复购、高利润的经营目标。

模型一经交付，就收到学员的称赞：太轻松了，效果也太好了吧！

通过这套方法，我的一位开摩托车店的学员利用 AI 打磨文案，实现了日更短视频，每周直播两场，利用 AI 裂变工具，线下引导进店客户扫码在抖音上进行二次裂变的传播。

我经过半年的实操，业绩翻倍。

正如雨麒老师常说的：能力要长在势能上。

2025 年是 AI 应用的元年，各种 AI 软件层出不穷，谁能紧跟形势发展，谁就能更快地取得成果。

同城实体店老板应顺应形势，拥抱新媒体的发展。

结合"AI 短视频 + 私域裂变发售"模式，就能用最低的成本获客，撬动同城的最大流量。

我十分感谢雨麒老师的教导，为我这个 20 多年的全职宝妈打开了一片新的天地。让我成为实体店的幕后玩家，让我的商业模式形成闭环。

如今，我拥有了给予家人更好的生活的能力，我的手心不用再向上。

已经 42 岁的我，正是闯的时候。

—— 李少萍 ——

- 实体店私域裂变发售操盘手
- 实体店短视频百万流量陪跑
- 中国 500 最具价值品牌企业特邀短视频培训讲师

张芸歌
用裂变发售打通线上线下的商业闭环

我是张芸歌，来自历史文化名城江苏省徐州市。我目前在上海经营一家数字化系统集成科技公司，经过多年的发展，已经取得了一些小成绩。

我的企业拿到了高新技术企业的认证，也取得了上海市创新型中小企业、上海市专精特新中小企业等荣誉，目前累计拥有 30 个软件著作权，为超过 1000 家政府机构、国有企业、世界五百强的外资企业以及私营企业等客户，提供了专业的、先进的、稳定的、可靠的数字化整体解决方案，赢得了广大客户的一致好评。

或许有不少朋友会感到好奇，我专注于政府和企业市场，服务的都是中高端企业，为什么还要学习发售和裂变策略呢？

一、线下遇困觅良方

在发展初期，我的公司凭借着可靠的交付能力及良好的口碑，一直都与客户共同成长，维持着健康良性的发展态势。然而，很快，公司和客户面临着前所未有的严峻挑战。由于多数客户的数字化转型需求和预算大比例减少，一些优质国外客户及细分领域的龙头公司，被迫中止所有业务，冻结了预算和开支。有些企业甚至无法审批普通员工购买鼠标配件的预算，更不要说进行数字化项目的建设和实施了。

在那段时间，面对众多客户因预算调整导致系统维护保养费用出现断档的情况，我并没有采取暂停服务的模式。我主动克服了时间和环境的影响，通过采取远程技术支持与现场服务相结合的方式，第一时间响应客户需求，为客户提供方案，排除故障，恢复系统的正常运行。

我相信，真诚能够赢得真心。通过这一系列的真诚的服务，我们成功将众多客户转化成了长期的合作伙伴。

也正因如此，我们在为客户提供持续保障服务的同时，运营成本在不断飙升，外部业务收入也在不断压缩，公司营收严重缩减。与此同时，公司的内部开支不降反增，这使得公司效益面临着严峻的挑战。

那时，我陷入了深刻思考：作为一家在业界一直获得好评的科技公司，难道只能这样被动地维持现状？是否存在更科学的经营策略或者其他方式，能够突破公司当前的发展瓶颈？又是否存在一种新途径，既能帮助公司的业绩增长，又能帮助更多的客户渡过难关呢？

带着这些疑问，我开始四处寻找破局的方法。

二、裂变操盘解困局

当线下途径受阻时，我开始思考是否能够在线上找到机会。抱着这样的想法，我开始密切关注互联网和直播平台。

2000 年，我在一家做广域网和局域网技术服务的研究所实习。当时，公司网站和个人网站正在流行，我也跟风创建了自己的个人网站。即便以今天的标准来看，那个网站的设计也不落伍。遗憾的是，当时的我缺乏商业思维，如果那时的我会做商业计划书，并有寻求天使投资的意识，那现在的我，可能就不仅仅局限于做数字化系统集成这一业务领域了。

通过这段经历，我意识到了商业敏感性无比重要。

为了寻求业务创新，我经过多方面考察和筛选，报名参加了中国传统文化和视频剪辑在线课程。在系统的学习中，我不仅对传统文化有了更深的认识，还熟练掌握了 PR、AE 和 C4D 等主流剪辑与特效软件，成功地提高了自己剪辑影视级作品的技能。尽管我认识到国学文化在自媒体领域的巨大潜力，但由于它与我的公司的现行业务无法实现有效融合，我最终还是忍痛放弃了。

那么，我的出路究竟在哪里？

直到 2024 年，我有幸遇见雨麒老师，长久以来横亘在我面前的迷雾才逐渐散开，曾经模糊的道路也逐渐变得明确。

一次偶然的刷屏，我在自媒体平台上刷到了雨麒老师，当时她正在直播讲解"一品千万"的发售策略，雨麒老师的专业性和敬业态度立刻吸引了我的注意力。特别是那句"让商业充满生命力"的核心理念，与我的公司的"秉承科技，真诚服务"的宗旨高度一致，这让我产生了共鸣。

后来通过雨麒老师的公众号和视频号，我对雨麒老师有了更深的了解。雨麒老师在这一领域已经深耕多年，她积累了丰富的实战经验，我确信这正是我的公司破局所需的宝贵资源。因此，我果断联系了雨麒老师，加入了"一品千万研习社"。

系统化地学习裂变和发售策略，重新点燃了我拓展公司线上业务的激情。鉴于当前的市场状况，公司想要持续发展，就必须要开辟第二增长线。尤其是在 AI 技术蓬勃发展的当下，其强大的数据分析能力、智能化的工具应用，为企业数字化转型提供了可能。若能将 AI 融入线上技术，建立智能营销体系，通过算法精准定位目标客户，我们就可以高效实现线下公司的线上业务开拓和获客。

发现并确认这一点之后，我非常兴奋。

在进一步调研后，我发现裂变发售系统不光能够帮到我，也能够帮到我的客户。这，正是我想要寻找的答案！

三、定向突破达愿景

在雨麒老师的指导下，通过一系列实战案例的操盘，我深刻认识到发售、裂变和操盘技术，不仅能够助力个人 IP 推广相关产品或服务，还能有效支持普通企业通过自媒体平台进行宣传和销售。这些技术成为传统线下市场开拓模式的有力补充，帮助企业构建线下和线上的商业闭环，从而全面提升企业销售业绩。

针对公司现状，我也制订了明确的落地规划：我计划让公司的市场部门和销售部门学习发售和裂变技术。掌握了这些技能后，就可以把理论知识和我的公司所属的行业和领域相结合，从而设计出一套定制化的可行性方案，探索出一条可以帮助公司提高业绩的新路径。

同时，我建议客户的市场部门和销售团队也学习发售，并将所学的理论知识与实践经验相结合，针对他们所在的行业和领域，设计出一套定制化的可行性方案，以探索出一条能够帮助不同客户提高业绩的新路径。

在撰写这篇书稿的时候，我的公司的 AI 团队已经成功完成了多个 AI 项目的建设。其中一个案例是为政府窗口单位开发了"就业顾问" AI 智能体和数字人，帮助该单位有效解决了就业管理和服务的难题，让就业者更省心，让窗口服务更高效。接下来，我们将把这一 AI 应用封装成一个智能体，并开发更多 AI 智能体，同时通过发售和裂变向更多的客户和朋友推广，帮助大家实现持续性业绩增长。

从推动产品销售业绩的角度来看，裂变、发售和操盘是当前历史阶段最有效的策略。其核心逻辑之一是充分利用新媒体和全媒体组合，结合营销模式的传承和创新，带来综合效应和聚变效应。

从企业使命、愿景和价值观角度来看，裂变、发售和操盘能在未来相当长的历史阶段和发展过程中，以将帮助企业提高市场份额与销售业绩当作目前最重要的目标。

从个人创业角度来看，这些技术同样有效。市场上众多的成功案例为人们提供了实战和学习参考，可以说适用于各行各业。

因此，如果要我总结一个当前企业业绩平平的破局点，毫无疑问，就是裂变、发售和操盘技术。

谁掌握了这项技术，谁就掌握了流量迭代和财富升级的钥匙。

张芸歌

- 政企数字化资深顾问

- 芸歌 AI 研习社主理人

- 国学文化传承与创新发展顾问

戴海燕
让天下没有难沟通的亲子关系——用生命影响生命

我是戴海燕，毕业于浙江大学，青柚文化公司创始人、正心格练字杭州联合创始人、创业公司合伙人，同时也是高情商智慧父母导师、青少年潜能开发师、樊登新父母讲师、高级家庭教育指导师、互联网成长教练和人生蓝图规划师，也是金雨麒老师的学生。

我为了陪伴和支持在幼儿园上大班的女儿，将正心格练字引入杭州滨江区，成立正心格练字彩虹城校区，并设立智慧父母成长中心，让更多父母走进智慧父母读书会，提升身心能量和情商智慧，一起抱团养娃。让我们一起踏上相互支持的成长之旅，让世界减少隔阂和痛苦，多点包容、理解和爱吧！

别看我现在在家庭教育领域成绩斐然，其实我的起点并不高。当青春期的儿子陷入叛逆期、成绩下滑时，我依然手足无措。女儿的诞生让我意识到，真正的价值不仅在于职场的成就，更在于如何让家庭更幸福、让孩子更健康地成长。为了不让女儿踩儿子青春期踩过的坑，我毅然决定在杭州滨江区开启正心格练字实体校区，希望通过自己的努力，让更多家庭受益，让亲子关系更温暖、更简单。

做线上、线下活动以来，我深刻体会到一句话："让自己变得更好是解决一切问题的关键。"这句话不仅是我前行的动力，也是我希望传递给每一个家庭的信念。

感恩在李海峰老师十周年 DISC 授权认证课上结缘雨麒老师，她的坚韧与远见、智慧与格局，让我深受启发。作为创业者，我果断加入雨麒老师的"卖爆"项目，学习裂变发售赋能实体，希望能够实现商业性的闭环，并能帮助到更多人。

靠近优秀的人，成为更好的自己，这是我一路走来的真实写照。

一、从低谷到破局：一位母亲的教育觉醒

（一）低谷：儿子青春期的叛逆

2022年，正值青春期的儿子即将面临中考，但他的学习成绩却从年级前20名滑落到年级200多名。

每当接到老师的电话，反映他在学校的种种问题，如瞌睡、走神、叛逆，作为母亲，我既心疼又焦虑。

尽管我拥有丰富的职场经验，但在面对儿子的青春期问题时，依然感到无力。

（二）发心：重新思考人生的意义

女儿的诞生让我意识到家庭教育的重要性，于是我开始思考：怎么做才能让自己更有价值？怎么才能挤出时间陪伴家人？怎么才能让孩子们生活得更好？

（三）高光：用行动影响孩子

为了给儿子树立榜样，我决定改变自己。我将书房搬到儿子的卧室对面，每天早起，手抄《道德经》《易经》，带着2岁多的女儿一起学习。儿子一开门，就能看到我在学习的背影。

成年人学习时，最好让孩子能够看到。学习是光明正大的事，让孩子看到父母也在努力，这样才能影响孩子。

在我的影响下，儿子也开始早起，到现在，他无论寒暑假，都习惯性早起。通过我的影响，儿子最后考上了市重点高中。

（四）波折：多重身份的挑战

尽管我在教育孩子的问题上取得了初步成效，但多重身份的压力让我一度感到疲惫。

作为公司管理者、创业公司合伙人、6Q 教育高情商智慧父母导师，我需要在职场和家庭之间找到平衡。

（五）破局：遇见青创、6Q 教育和李海峰老师

2021 年年底，我遇见了青创和 6Q 教育，开启了人生的新篇章。我学会了高效学习、做智慧父母的理念，掌握了高情商沟通的技巧，建立了清晰且切实可行的个人发展金字塔模型。

2023 年，我有幸认识了李海峰老师，加入了贵友联盟，和一群志同道合的超级个体彼此赋能、相互推动，并参与出版了《友者生存》。

自从认识了海峰老师，打开了我的新天地。

二、核心案例：从 0 到 1 的直播探索

（一）探索短视频与直播

在青创和 6Q 教育的学习过程中，我意识到，线上教育是未来趋势。于是，我决定从 0 到 1 探索学习短视频和直播，希望通过互联网帮助更多家庭改善亲子关系。

（二）高效学习与实践

我报名了高效能人生实战训练营课程，学习了短视频制作和直播技巧。

每天早晨，我利用碎片时间学习，早上则进行直播实践。尽管一开始面对镜头有些紧张，但我坚持了下来，逐渐找到了自己的风格。

（三）成果与启发：影响 200 多个家庭

通过直播与线上会议，我不仅帮助 200 多个家庭建立了早起读

书的好习惯，还通过心理咨询与青少年潜能开发服务，帮助孩子们找到内在动力，构建了高效能自我管理系统。

许多家长反馈，我的直播内容让他们学会了如何与孩子沟通，如何让孩子在良好的家庭环境中得到滋养，甚至改善了夫妻关系和家庭氛围。

一位妈妈曾对我说："燕燕老师，您不仅让我学会了如何与孩子相处，更让我重新认识了自己。"

这些反馈让我更加坚定：家庭教育不仅能帮助孩子成长，更能帮助父母成长。

（四）破局的关键在于行动

这次从 0 到 1 的探索让我深刻体会到：破局的关键在于行动。只有勇敢尝试，才能找到属于自己的方向。

（五）未来的蓝图展望

雨麒老师了解了我的情况后，特意为我指明了方向，规划了未来。

对于我的项目，雨麒老师建议在线上要打开更广的范围，将线上的定位可以设定为"没有难沟通的亲子关系"。我的读书沙龙、亲子沙龙可以作为创业引流产品，拓展到全国各地。

雨麒老师的一番话让我有种被高人点醒的感觉，有了"思路一变，市场一片"的顿悟。

三、方法论与心得：让亲子关系更美好的 3 个关键

（一）用生命影响生命

父母是孩子最好的榜样。想让孩子做什么，父母就先做什么，通过自己的行动影响孩子，远比说教更有效。

（二）高效学习与自我管理

在多重身份中自如切换，离不开高效学习和自我管理。通过树立清晰的目标，制订可行的计划，我们可以从容地应对每一个任务。

（三）利他之心是底层思维

"自利则生，利他则久。"只有真正帮助他人解决问题，才能实现自我价值。家庭教育不仅是帮助孩子成长，更是帮助父母成长。

我相信，未来我还会服务更多的家庭和青年，发挥自己的光与热，助力更多家庭和青年成长成功。

四、写在最后：点亮自己，温暖他人

人生是一场自我探索之旅，充满了无限可能。

你不需要很优秀才能开始，但你需要开始，才会变得很优秀。

我愿意用生命影响生命，点亮自己，温暖他人。

戴海燕

- 青柚文化公司创始人
- 正心格练字杭州联合创始人
- 高情商智慧父母导师
- 青少年潜能开发师
- 互联网成长教练
- 人生蓝图规划师

艾　嘉
深度阅读品牌创始人，
我是如何靠深度阅读事业逆风翻盘的

我是艾嘉，艾嘉悦读思维力品牌创始人，也是雨麒老师"一品千万研习社"成员。

我在儿童深度阅读领域深耕 10 年，独创的这套"五维深度阅读"体系，已经影响上万家庭的孩子爱上阅读、独立思考，我的"1 个人 1 套阅读体系幸福轻创业"模式，也帮助了我自己和 200 多位绘本馆长、阅读老师、宝妈们，实现了带娃赚钱两不误的理想生活。

都说创业不易，特别是妈妈，但我想说：打开思维，一切皆有可能。

10 年前，因为怀孕生子的关系，我从一个讲一天课就可以赚几千元钱的心理培训师，成了一个全职宝妈。后来我开了一家绘本馆，但因为性格内向、不懂运营，只有微薄的收入。

在身边人的不断打击下，想到嗷嗷待哺的儿子和年迈的父母，我那不服输的性格，让我在心里默默发誓：我一定要找到一条光明大道，既能照顾好孩子，又有一份高价值的事业。

为此，我开始一边带着孩子，一边疯狂学习。在无数个夜里，我一手抱着熟睡的孩子，一手捧着书；在无数个白天，我拎着箱子、抱着孩子奔波于十来个城市之间。

在这个过程中，孩子也在我的课堂里，慢慢成长为见多识广、思维活跃、超爱阅读的帅小伙儿。

一晃 10 年过去了，我从一个不懂阅读、不会经营、从零开始的"小白"，一路摸索着前进：开绘本馆、做公益阅读活动、研发小学生阅读写作课程、从线下到线上打造深度阅读个人品牌……

现在，我独创的这套"五维深度阅读"体系和"1 个人 1 套阅读体系幸福轻创业"的模式，受到越来越多人的认可。

特别是线上这 3 年，我真正实现了：每年工作 6 个月，其余时间处于半休闲状态；赚了之前十几年的收入之和；带着孩子去了十几个城市、回了 6 次老家；孩子每年阅读量 200 万字以上，学习成绩保持优秀；看想看的书、去想去的地方、见想见的人、做想做的事……

我通过持续打造个人品牌影响力，结合发售的方式，拿到了还算不错的成果。这一路走来，我认为最重要的是有闭环思维。深度阅读有闭环、课堂教学有闭环、社群发售有闭环、发朋友圈有闭环、私域运营有闭环，打造个人品牌通通离不开闭环。

想要在儿童深度阅读领域实现幸福轻创业，你只要掌握五步闭环思维即可。

第一步：精准定位，找到你的"最小可行性产品"

定位是轻创业的起点，它决定了你的用户是谁、解决什么问题。

放弃"大而全"，聚焦儿童深度阅读细分赛道；锁定精准用户：重视阅读的家长、高认知家长；提炼核心价值主张：阅读，让孩子看见更广阔的世界。

深度引导才能深度思考。"五维深度阅读"就是帮助小学生解决不爱读文学书、不会阅读思考、写作输出困难、读不深等阅读难题。

这是当下家长、老师和教培机构都亟须解决的痛点问题，谁能解决这些痛点，谁就能占领市场。定位清晰后，用户主动找上门，转化率提升 50%。

第二步：塑造价值，打造"不可替代"的产品体系

用户只为高价值买单，你的产品必须直击痛点。

我们的"五维深度阅读"体系，从阅读认知、多元思维、表达转化、创作鉴赏、积极人格五大维度出发，只做一件事，同时提升 5 倍效能，既解决孩子现实的校内阅读、写作问题，又着眼于孩子未来的核心竞争力的培养。

带孩子深度思考，才是真正的深度阅读。我们的课程复购率、转介绍率均超 80%，用户口碑裂变或增长。当你拥有一套深度阅读体系，你就找到了财富密码。

第三步：私域运营，把流量变成"铁粉资产"

私域是轻创业的命脉，用户信任决定变现效率。"朋友圈＋社群＋私聊＋公众号＋视频号"高频触达用户，不断塑造价值、输出高质量的内容，打造自己的强人设。

你的人设，就是你持续增长的资产。

第四步：心力提升，轻创业是"反内耗"的修行。

创业最大的敌人不是市场，而是自己的心态。

每天 1 小时深度阅读，准备工作的同时，也是自我滋养的过程。同时，拒绝完美主义，小步迭代，跑通一个小闭环，再放大自己的影响力、升级产品体系。

第五步：品牌升级，从个人 IP 到"行业生态"

品牌势能决定你能走多远。

推出深度阅读导师体系、赋能同行轻创业；联合教育行业同盟、参与各大影响力事件、联合讲座提高势能；打造个人品牌矩阵，独自出书、合作出书、跨圈合作、孵化"深度阅读影响力大使"，放大教育梦想。

从"个体户"到"行业标杆"，你的品牌形象就是源源不断的流量。

闭环思维的核心，是让每一步都"滚雪球"，定位—价值—运营—心力—品牌，环环相扣，缺一不可。普通人逆袭的关键，不是盲目努力，而是用闭环思维把资源"越滚越大"。

在我的身边，有很多妈妈们想实现价值，但不知道做什么，陷在养育孩子和没有价值、自我怀疑的泥潭里；有很多已经在做阅读的同行们，生存艰难、挣扎迷茫，不知该如何改变；还有很多想做深度阅读的朋友，因找不到适合的课程体系，所以不知道该如何启动；更有无数的家庭想提升孩子的阅读能力，却不知如何引导……

我想帮助更多像我一样迷茫的人，那么我要如何扩大自己的影响力呢？

后来我有了答案。在 2025 年年初，我认识了雨麒老师。她是那种无论遇到什么状况，都能淡定从容地解决问题的人，无论多忙，她都有条不紊、不慌不乱，我被她深深折服。

从现在开始，让我们一起把深度阅读导师项目卖爆、将"1 个人 1 套阅读体系幸福轻创业"的生活方式卖爆吧！接下来，我的关于"五维深度阅读"的新书也将上市，敬请期待！

打开思维，一切皆有可能！事业与育儿双赢的人生，你值得拥有！

艾　嘉

- 艾嘉悦读思维力品牌创始人

- 独创"五维深度阅读"体系

- "1 个人 1 套阅读体系幸福轻创业"导师

李亚萍
从石油女工到阅读摆渡人，一位"70后"的书香人生

我叫李亚萍，"70后"，1991年毕业后被分配至河北辛集。

我就从小酷爱看书，即便在结婚生子后，我仍保持着每天阅读的习惯。

2016年，单位推出提前退休政策，虽然这意味着收入骤减2/3，但我也果断地选择告别工作了25年的岗位。我之所以会做这个决定是因为那种对时间流逝的不舍，远胜过对经济压力的担忧。

一、公益经历带给我的

退休后，我在家躺了半个月读闲书，那种状态真的太舒服了。

不久后，一种不安的感觉逐渐在我脑海里盘旋：刚过不惑之年，便开始享受岁月静好，是否辜负了少年时老师所说的"做世界主人翁"的期盼？

往事一幕幕在眼前浮现。

2006年的时候，我看到一个现象：很多人的衣服明明还很新，就不喜欢穿了，但又不知道该如何处理。于是，我写下了人生第一封倡议书，与一些志同道合者一起创立了"石油花志愿服务站"，组织居民捐献衣物、图书、文具等。

借助单位提供的库房，我们发起了"一人一本书"的公益行动，为太行山区的孩子们，输送了大量衣物和上万册图书。

2010 年，我获评"华北油田十大好人"，把 3000 元奖金全部投入到社区图书室"悦读城堡"中。这个 40 平方米的空间，成了我探索全民阅读的起点，这一干就是 6 年。

期间，我得到了很多帮助，也看了很多好书，与很多家长和孩子们一起交流、一起成长。

二、轻舟书院的沉浮

既然我和孩子都是阅读的受益者，那我还是继续做阅读吧——让更多的孩子们看到更多的好书。

于是，我打算在身边打造一个阅读的小环境，以书会友，创造一个共同交流的平台和桥梁。

2016 年 9 月，我将自家带院的一楼居所改造为"轻舟书院"，开始给社区的孩子们讲绘本故事，并做一些公益的文化活动。让我没想到的是，经过家长们的口口相传，两年后，书院藏书已近两万册。

为了给这些好书找一个新家，容纳更多爱书之人，我先后 3 次搬迁场地：从 100 平方米的民居到 300 平方米的商铺，最终入驻万达商场 500 平方米的星空屋顶。

巅峰时期，书院拥有近 2000 名会员，11 名员工，每周都会举办读书会和各种公益活动。

然而，理想主义终究需要面对现实。老师们精于阅读指导，却都不喜欢销售，我也一样。

后来，又因为外部因素的影响，书院的运营一落千丈。最艰难的时候，我甚至不得不向儿子借钱发工资——尽管他从未要求偿还。可我知道，孩子赚钱也很辛苦，这么下去肯定不是办法。如果我会推广，那手里的项目资源还是相当不错的。怎么办呢？这个时候，夏老师、丁老师推荐的 DISC 盛会，成了一个重要的转折点。

三、破局之路的求索

2025 年 1 月的广州之行，在 DISC 国际认证课程十周年现场，我见到了许多优秀的年轻人，他们的思维方式让我大开眼界。

其中，金雨麒老师的成长故事，让我非常感动和震撼。特别是她说的"用生命托举每一个人"这句话，与我做阅读的理念如出一辙——用阅读托举孩子们的人生。

于是，我毫不犹豫地就报名了共同出书计划，希望通过雨麒老师的帮助，把自己的阅读项目推广出去。这样，不仅能够解决自己的经营困境，也能为广大的绘本馆经营者寻找到路径和方法——因为很多绘本馆馆长都只有情怀，缺乏运营思维。

我们总部的"共享教室 +AI 助教"模式，是一种将人工智能与人文教育融合的创新方案，再加上雨麒老师的推广方法，解决了很多难题。

对于机构来说，不增加固定成本，让空余教室发挥作用，还能获得联合招生提成，又在本机构增加了高效的阅读服务。

对于教师来说，可以零风险实现"知识变现"，无须资质背书，也不用承担场地风险，通过 AI 系统赋能快速上岗。

对于家长来说，可以得到高性价比的精准服务。北京海淀区的王女士的案例就具有很强的代表性。她的孩子参加阅读训练课程 12 周后，语文试卷阅读理解部分失分从 8 分降至 2 分，而课时费仅为传统私教课程的约 60%。

更令人振奋的是，该系统为四类群体开辟了职业新通道——教培从业者可以复用 85% 的原有经验轻松开启；全职妈妈实现日均 2 小时灵活创收；应届生凭学习力顺利进入教育行业；职业转型者试错成本降低至传统模式的 1/5……

贵州安龙县通过实践，印证了这个模式的可行性：引入 AI 助学 18 个月后，当地初中生语文均分提升 16.7 分，83% 的家长停止跨区补课。

更富启发性的是，这个模式解放了重复劳动的教师们，迸发出了惊人的创造力，如前工程师开发阅读思维可视化系统、退休教师组建跨地域教研网、全职妈妈创立亲子共读孵化计划等。

四、新航程的起点

如今，我的"轻舟书院"已转型为一个 300 平方米的智慧阅读空间，把 50000 余册书籍分类整理，分布于婴幼儿绘本区、青少年童书区和成人阅读区，一站式实现全家阅读。

南墙下的一缕阳光阅读区，常有家长和孩子共沐书香；活动室的 AI 助教系统，为孩子提供个性化的阅读诊断；在讨论区里，几个中学生围坐在一起，探讨《明朝那些事儿》……

这画面完美地诠释了项目的核心价值：用科技守护阅读，让教育回归本质。

　　我要帮助更多的孩子们，让他们无论是有没有阅读习惯，有没有阅读兴趣，都能掌握应试阅读的能力，在未来漫长的学习生活中，轻松获得更好的成绩。

　　如果你也有这份心愿，我必知无不言，让你少走弯路。回望来时路，从石油女工到阅读摆渡人，我始终相信文字的力量。

　　当年在太行山区建立的第 37 个图书角，最近传来消息：那个收到《草房子》的留守女童，如今考上了某师范院校的中文系。或许这就是阅读的魔法，它总在某个不经意的时刻，让播撒的种子破土成林。

　　如今手握 AI 助学这把新桨，我愿继续摆渡更多爱书人，送他们抵达理想的彼岸。

李亚萍

- 阅读推广践行者

- 专注语文智能提分

- 朗纹（中国）因材施教发展中心城市合伙人

黄　薇
从千万"负"婆到教育创富引路人，我的逆袭之路

　　我是黄薇，如黄色蔷薇般带着永远微笑的信念，扎根教育领域20余载。

　　作为深耕英语教学的教育工作者，我联合原金山词霸技术团队，开发了智能 AI 英语提升训练平台，旨在帮助 3 亿学生高效学习，让中国家长不再为孩子的英语学习而焦虑。

　　如今的我在教育领域取得了一些成绩，但曾经的我也深陷困境，负债累累。

　　在这个过程中，我始终坚信：在黑暗中坚持奔跑，总能迎来黎明的曙光。

一、从谷底攀爬，向光前行

　　8 年前，我在英语教育领域就已经小有所成，拥有了自己的校区和稳定的生源。但在 2019 年，命运却发生了转折。2019 年前半年，我带领团队出版了 8 套英语单项技能教材，短短一年，便有近 300 名同行使用者。

　　2019 年后半年，我斥资千万打造了山西首家、占地 3300 平方米的"国内出国"英语实景体验馆，本想着以此为基础开展招商加盟，开拓更广阔的市场。然而，天不遂人愿，大环境的冲击让这个雄心勃勃的项目瞬间腰斩。

　　巨大的资金投入，包括 800 多万元的装修与设备费用，每年近 200 万元的房租，以及每月 30 万 ~40 万元的人员开支，让我在短短

5年就背上了千万债务，成了千万"负"婆。

那段时间，食不知味、夜不能寐成了常态，我甚至不想出门、不想见人，感觉自己陷入了无尽的黑暗中。

但我骨子里有一股不服输的劲儿，面对困境，我告诉自己："不在沉默中爆发，就在沉默中灭亡。"于是，我毅然决然地选择了爆发，开启了自我救赎的奋斗之路。

2022年后半年，我确定了"转型不转行"的方向，并经过深思熟虑，决定投身轻创业领域。

2023年年底，我忍痛关闭了线下3300平方米的校区，回到仅300平方米的办公场地，全身心投入到智能AI英语提分训练平台的打造。

在这个过程中，我充分利用自己在教育领域积累的资源，发挥团队在内容制作、培训方面的优势，联合原金山词霸技术团队，成功地开发出面向全国及海外留学生的智能AI英语提分训练平台。

平台一经推出，便迅速获得市场认可，实现了从负债到营收突破千万元的逆袭，也让我从千万"负"婆摇身一变成为营收过千万元的"富"婆。

二、破茧成蝶，见证成长奇迹

在众多成功案例中，2023年的高考生昊昊同学的故事让我尤为难忘。昊昊同学找到我们时，英语成绩只有80多分，距离他理想中的大学分数线还有一定差距。

我们针对他的情况，利用智能AI英语提分训练平台，采用分板块训练的方式，为他量身定制了学习方案，同时安排真人教练一对一陪伴辅导。

经过不到半年的努力，奇迹发生了，昊昊同学在高考中英语成绩飙升至127分，成功被一所985大学录取了。

他的爸爸也因此对我们的产品充满了信心，成了我们的产品代理，帮助更多的家庭在孩子的英语学习上少走了很多弯路。

另外，2024 年 3 月底，我到太原教的第一个学生在我们的助力下，成功拿到了美国耶鲁大学研究生的通知书，还获得了 10 万美元的奖学金。

这些成绩的取得，不仅让我感受到了教育的魅力和价值，也让我更加坚定了在这条道路上继续前行的决心。

在探索线上教育和私域营销的过程中，我遇到了金雨麒老师。她作为爆品裂变操盘手和中秦兴龙私域营销顾问，在裂变增长发售和企业私域营销方面，有着丰富的经验和卓越的成绩。她通过"一书百万"发售模型帮助 IP 实现低转高客单，以及成功操盘众多知名课程的千人裂变发售等案例，深深地吸引了我。

我意识到，要想让我们的智能 AI 英语提分训练平台获得更广泛的推广，帮助更多人实现英语提分和创富梦想，私域营销和裂变增长是至关重要的一环。

只有被更多的学生和家长看到，我们才有帮助他们的机会，而这不能只靠家长间的口口相传，还需要更大的平台做更广泛的传播。

于是，我开始向金雨麒老师学习，借鉴她在私域营销和发售方面的经验和方法，将学到的方法与我们的智能 AI 英语提分训练平台相结合，总结出更加适合自己的宣传模式。

三、好产品，也怕巷子深

从金雨麒老师身上，我学到了很重要的一点：做 IP 产品，要注重用户需求和价值传递。

在过去的创业中，我深刻体会到产品质量是基础，但这还不够。要想让优质的产品被更多人知晓并认可，营销和推广也至关重要。

我们不能只埋头做产品，还要学会讲故事，将产品的价值清晰地传达给目标客户，让客户更加清晰、直观地了解到产品的效果，让客户真真切切地感受到我们产品的好。

同时，要善于利用私域流量，建立与客户的深度连接，增强客户的黏性和忠诚度，始终关注客户的需求，及时帮助他们解决问题。

雨麒老师常说："真诚就是必杀技。"

让客户感受到，我们是真心实意地想帮助他们，为他们解决英语学习上的问题，他们自然会认可我们的产品，相信我们的产品。

四、写在最后

如今，我站在了新的起点上，回顾过去的坎坷与收获，我深知每一步都走得不容易。

在未来的教育征程中，我希望能与更多热爱教育事业、具有市场开拓能力和团队运营能力的有识之士携手共进，帮助更多学生提升英语成绩，助力更多人实现轻创业梦想。让我们一起以初心为笔，绘信念之图，用耕耘作墨，书写教育新华章吧！

黄　薇

- 冠攻略智能 AI 英语创始人
- 教育创富引路人
- 全国大学生创业就业帮扶者

岚 音
从低谷到绽放，我与成长机遇邂逅的逐光新征程

我是岚音，1995 年 6 月出生的我，既有着双子座的活泼灵动，也有着 AB 血型的理性细致。

在这条充满未知与挑战的人生道路上，虽然一路磕磕绊绊，但我却始终在坚定地探索、前行。

如今，我身兼畅销书出品人和如是心高级经销商两个身份，尽管都刚刚起步，但内心对未来却充满热忱与期待。

起点不高的我，经历了数不清的坎坷，曾经那些艰难的过往，至今仍历历在目。但我始终坚信："每一段低谷，都是为了积攒向上的力量，只要心怀希望，勇于改变，未来就充满无限可能。"

一、成长：在磨砺中破茧

小时候，我是个极度内向的孩子，仿佛整个世界都与我隔着一层玻璃。

从上小学起，学习于我而言，就是一场艰难的战役。十以内的加减法，我都要靠数手指头来算出答案，且我写字速度太慢，以至于考试时总是写不完答案，成绩自然是一塌糊涂。

因为这些，我没少遭受老师的冷眼和同学的嘲笑。那时的我，

内心充满了自卑与无助，感觉自己就像一只被遗忘的丑小鸭，只能在角落里默默哭泣。

小学五年级的时候，我跟随父母来到北京，本以为是新的开始，没想到却迎来了更多的挑战。

北京的学习节奏比老家快很多，从一年级就开始的英语课程，让我完全跟不上课堂的节奏，还因为带着东北口音，时常成为同学们嘲笑的对象。

但我骨子里那股不服输的劲儿也因此被激发，我开始拼命努力。每天放学后，我就把自己关在房间里，听英语录音、背单词、练发音，一遍又一遍，直到深夜。渐渐地，我的英语成绩有了起色，也慢慢融入了新环境。

这段经历让我第一次体会到，努力真的可以改变现状。

高中时期，是我人生的一个重要转折点。

我开始尝试走出自己的舒适区，积极参加各种活动。在广播站里，我用声音传递温暖和力量；在学校大会上，我用当众演讲锻炼表达力和自信心。曾经那个胆小怯懦的小女孩，逐渐变得开朗自信，仿佛是一只破茧而出的蝴蝶，开始勇敢地追寻属于自己的光芒。

然而，成长的道路并非一帆风顺。大学毕业后，我进入互联网行业，成了一名产品经理和项目经理。在这个竞争激烈的行业里，我身兼数职，努力想在智能产品领域闯出一片天地。

但随着行业的发展，我遇到了职业瓶颈，晋升空间受限，工作压力也越来越大，我因此陷入了迷茫和焦虑之中。

二、转折：遇见如是心，开启新方向

直到 2024 年，我偶然接触到如是心，瞬间被其理念和黄精产品所吸引，果断加入其中。同时，我还参加了畅销书出品人项目。

这两件事，成了我人生中的又一个转折点。

我看到了将个人经历与产品推广相结合的新方向，也看到了实现自我价值的新希望。于是，我决定在这条新道路上勇敢探索，努力追寻属于自己的成功。

如是心的黄精产品，从选材到制作都让我深感震撼。

这种对品质的执着追求，让我对如是心的产品充满了信心。

从加入如是心开始，我就迫不及待地深入了解品牌和产品，也在心中勾勒出了许多推广的设想。

我计划通过自己的写作能力，撰写生动有趣、富有感染力的文章，向大家介绍如是心的黄精产品的独特魅力，分享黄精的历史文化、营养价值，以及如是心在黄精产品制作过程中的匠心精神。

同时，我也打算借助社交媒体平台，在微信公众号上定期发布产品深度解读和健康养生知识，在小红书上分享产品精致图片和实用的食用方法，在抖音上制作有趣的短视频展示制作和食用场景，通过多样化的内容及形式吸引不同需求的消费者。

此外，我还想组织线下活动，如健康养生讲座、黄精产品品鉴会等，邀请专业中医专家讲解黄精功效和养生知识，让大家亲自品尝产品，感受其独特的口感和品质，通过面对面交流的方式，与用户建立信任和联系。

三、机遇：结识雨麒老师，融入"卖爆：用裂变做增长"这个项目

在全身心投入如是心事业的过程中，我迎来了另一个重要的机遇——结识了雨麒老师。

在一次新书的发售活动中，我初次见到雨麒老师。她在活动中自信满满、侃侃而谈，身上散发着独特的魅力，一下子就吸引了我。

后来，我参加 DISC 培训时，惊喜地发现雨麒老师也是分享嘉宾之一。

在培训中，她分享的经历深深震撼了我。

在 2018 年，她曾通过线上裂变创造了惊人的成绩，一个人创造了 100 万元的业绩，也曾帮助一位宝妈在 3 个月内赚到 50 万元，而这一切都源于大健康产品。

她的故事，让我看到了普通人实现华丽蜕变的可能，也让我深刻感受到线上营销的巨大潜力，更让我坚信大健康产业有着无限的发展前景。

这份强烈的感受，促使我毫不犹豫地做了一个决定——报名参与由雨麒老师发起的"卖爆：用裂变做增长"的项目。

我深知，这是一个绝佳的学习和成长机会。

我渴望在这个过程中，能够学会线上营销的方法，不断提升自己，更希望能够借助这个平台，将如是心的黄精产品推广给更多的人。

四、展望：借势前行，共赴美好未来

参与"卖爆：用裂变做增长"这个项目，对我来说是一个一边学习一边实践的宝贵契机。

我期望在这个过程中，跟随雨麒老师学习线上营销的技巧和方法，将其运用到如是心的黄精产品的推广中。

我希望更多的人重视健康，也希望帮助更多的人通过大健康产业拥有一份属于自己的事业。

在未来的日子里，我将继续在畅销书出品和如是心的黄精产品推广领域深耕。

同时，我会把从"卖爆：用裂变做增长"项目中学到的知识，充分运用到实际工作中，不断实践和迭代，提升自己的能力。

岚 音

- 如是心高级经销商

- 畅销书出品人

- 个人品牌咨询顾问

任　娜
私域裂变助我打破创业困境

我是任娜，人力资源专业研究生，15 年上市公司高管，全球最薄发热膜层——"片叶采暖"营销操盘手。

2024 年 10 月，我有幸遇到了人生中的贵人，我们连续 4 天进行了深入的交谈。

从新品战略到营销模式，从行业前景再到产品落地，让我毅然决然地卸任了传统文博行业上市公司高管的职位，跨界进入新能源领域。

我投身一个全新的行业——全球首创半导体制热膜新材料研发与智慧采暖应用的高新技术产业，成为建筑采暖应用领域的营销操盘手，致力于为国内外客户提供极具经济、节能、美学、智慧一体化的建筑采暖解决方案。

从此，我开启了人生中的第一次创业。创业，并没有我想的那么容易，仅仅是团队协调合作就让我感到头疼。

技术出身的伙伴总想着精益求精，打磨出的产品力求完美；销售部门的同事急于开拓市场，抢占市场先机；负责品牌的同事执着于视觉美学，想要设计出高大上的品牌形象……每个人都是认真负责的员工，可当全体人员向一个目标冲刺时，反而调整不出统一的节奏。

除了协调整个公司的工作流程、人员，产品的设计、包装等都需要我去关注、决策。

3 个月熬下来，我才明白：专业≠共识，决策逻辑对齐消耗的精力远超预期；资源≠杠杆，资质证书再多，不如找到第一批忠实的客户；模式≠结果，很多招商 PPT 画出的百城蓝图，都卡在合伙人培训 SOP 的细节里。

作为营销负责人，比起快速变现，更紧迫的是在试错成本和数据沉淀间找到平衡点，把个人作战能力转化为团队肌肉记忆。让城市合伙人从利益驱动转向价值共生。

2025 年春节期间，我时刻紧盯公司后台的招商数据，看着凄惨的数据，再想到财务报表上那逐渐减少的资金，不禁怀疑我是不是做了错误的选择。

但我内心清楚，这是急不来的事情，我们的产品还缺乏市场的信任。如何让市场了解并信任一款新产品，成了我打破困局时要做的事情。

然而，2025 年春节开工后，我仍然想不出适合的商业模式和营销策略。

一次偶然的机会，我在恩师义哥的开年发售活动中，幸运地同雨麒老师连上了麦。在不到 20 分钟的时间里，我就被雨麒老师的私域运营、高客单裂变发售的操盘能力所吸引。

我果断地报名了雨麒老师在杭州举办的两日 "AI+ 高客单裂变发售" 精品班，成了雨麒老师的学生。短短两天的线下培训，因为雨麒老师的超值交付，我这个私域小白快速地掌握了发售操盘的秘诀。

雨麒老师认为，在实战中，我们可以得到更多的锻炼，学到更多。因此，在两天训练营快要结束时，雨麒老师特意为我们安排了实战训练。

运用跟雨麒老师学到的私域裂变的方法论及发售思维，我完成了人生中第一次的最小单元MVP的新产品发售，实现了23.4%的转化率。

雨麒老师的操盘经验丰富，短短两天就让我获益良多。通过这次的精品班课程，我理顺了自己的商业思维。

回想起当年，我带着公司团队窝在一间小小的复印店里，通宵修改投标方案，最终还是在竞标中落败；精心设计的方案却被业主嫌弃地泼上茶水，把方案批评得一文不值；花光自己所有的积蓄，只能靠借钱才能为手下员工发工资……这些日子犹如噩梦一般。

而我，只能努力摸索，寻找光明。

为了拿到投资和项目，我努力地讨好投资人和客户，只为得到他们的认可。这样有违内心的行为，让我陷入纠结，我真的要一直这样下去吗？

直到父亲的一句话："跪着"挣钱不丢人，丢人的是跪久了站不起来。

对呀，只要守住本心就好。

这句话支撑着我走过了无数个被投资人"放鸽子"、被合作伙伴坑钱、被团队背叛的夜晚。

作为传统文博行业的高管，我早已掌握了商业中最重要的三个关键点：销售回款、合伙人的信任程度和成本管理。

一直以来，我以为只要把握住这三个关键点，就能创业成功。可是我错了，创业远比我想象的要难得多。单是营销这一个点，就已经比我想象的难上许多倍。

以前，我总觉得营销就是拼资源、比套路，看谁的销售方案更能吸引客户。而认识雨麒老师后，我才发现，原来营销比我想象的要复杂、烦琐得多。

于是，我下定决心，继续跟着雨麒老师学下去。这半年来，我最幸运的事情，就是认识了那位贵人及雨麒老师。建筑采暖新材料的投资人看中我的破局能力，雨麒老师用 AI 私域模型帮我捅破了认知天花板。

现在我带着团队跑招商会时，PPT 里固定的那句标语——"片叶取暖，让采暖方案比春风先到"，就是通过雨麒老师教给我的情绪价值算法设计出来的。

短短半年时间，我拿到了很多小成果：学直播、学招商，学裂变不是为了追风口，而是搞懂了"流量池"和"信任池"的本质区别；开始启动朋友圈运营，把朋友圈当产品打磨，快速打造个人 IP，逐步实现有转化力的圈层营销系统；带团队"死磕"客户成功案例，帮助 30 多位合伙人平均多赚 80 多万元。

很多人问我，为什么能在短时间内拿到这些成果，答案就是：在低谷期并未放弃读书（4 场线下大课 + 啃完的 63 本书）；向信任你的人负责（核心团队零流失）；永远比市场早一步（用户思维 + 价值结果导向）。

回看这一路走来，当年那些无法压垮你的困难，只会让你变得更加强大。

最可怕的不是失去尊严，而是从此一蹶不振，唯有碎骨重塑般的痛苦，才能铸就新的人生。

曾经我们以为的绝境，回过头再去看，只不过是命运为我们设置的一道坎，而我们的伤疤，也会成为人生中最坚硬的组成部分。

如果你还在因为畏惧困难而犹豫是否创业，如果你感觉自己已经无法再坚持下去，请坚信曙光就在前面！

任　娜

- 商业流量构架师

- 上市公司高管

- 盈利增长全链路操盘手

　　长期以来，我都是靠一个吸引人的内容引流，引爆实体客流和线上流量的。

　　我在操盘每一个我认为的"好产品"时，整个人都是兴奋的，就像呵护自己的孩子一样，看着它在手里一点点茁壮成长，那种感觉，比赚钱来得更有意义。

　　因为热爱，我愿意卸下铠甲，不遗余力托举每一个人；因为感恩，我愿意传递向上的力量。

　　我的使命从来不是挣多少钱，而是想让每个靠近我的人生命状态变得更好，让更多好的产品被更多人看见。

　　于是，我用王阳明心学的方式做操盘——在心上升维，在事上降维，双脚扎根泥地里。

　　有人说："雨麒，我在你身上看到了 4 个字——热辣滚烫。"

　　但行好事，莫问前程。人生走一遭，为何不让自己活得热烈一些？

　　所以这一次，我静下心，拿起笔，细细地写下我的故事，以及我的成事心法和案例。这一次，我联合了 40 多位作者一起编写这本《卖爆：用裂变做增长》，希望帮助更多的人。

　　帮助想学习裂变发售的你，通过以战养学的方式实战学习，并用我的生命陪伴你的生命；帮助想要提升 IP 影响力的你，通过强人设私域营销的方法，让优质的 IP 出圈；帮助想要做品牌营销的企业，通过线上裂变营销的方式，打造品牌自传播铁军，让优秀的企业实现强势增长……

我想这就是我作为 IP 和品牌私域营销顾问的使命。

感谢我的老师智多星，他反复叮嘱的"功夫不可一日不练"，让我日日精进。

感谢我的老师剽悍一只猫，他对生命状态的关照和激发，让我更加重视身边人的状态，从而从生命底层去影响和感染更多人。

感谢肖厂长的商业思维的启迪和恒星联盟的全力托举，让我的专业能力被更多人看见。

感谢刘 sir 和李菁，他们就像指路明灯一样，让我坚定了在畅销书发售和裂变发售上的初心。

感谢凡哥，让我把事件营销的思维用到了裂变操盘中，带着几十名作者"卖爆"出圈。

感谢海峰老师，因为他的发掘和支持，才有了这本《卖爆：用裂变做增长》的诞生。

感谢我的私塾、"一品千万"的学员、《卖爆：用裂变做增长》的联合作者们，以及所有帮助过我的朋友和家人。

也感谢打开这本书的你，让我这个逆光前行的平凡女孩，有缘路过你的世界。

作为出品人，很高兴协助金雨麒老师完成《卖爆：用裂变做增长》一书的出版。

在这个流量成本高起的时代，私域流量已成为商业竞争的主战场。当多数人还在为公域平台的算法焦虑时，以用户信任为基石的私域发售与裂变增长，正在重塑商业逻辑。

这本书除了分享金雨麒老师关于私域发售的独家秘籍，还有40多位作者贡献自己的学习心得和实操案例。多元化实操，可以保证读者无论处在什么阶段，都可以找到合适的切口进入学习。

私域的本质是用户关系的复利经营。相信看完本书后，大家对私域发售能有更深刻的理解，懂得把流量转化为长期资产，而裂变增长的本质绝对不是流量收割，而是价值共生。

本书的缘起，还要感谢我和雨麒老师很多共同的好友，比如张一凡老师、肖厂长、刘sir、笛子姐、嘉怡姐等。机缘巧合下，在DISC授权讲师班120期的500人现场，我邀请雨麒老师做她关于裂变和增长的主题分享，反响热烈。于是我们趁热打铁，现场启动招募程序，快速地完成联合作者的召集。

　　对于作为学习者的联合作者来说，如果不只听老师讲，还能倒逼自己做输出，并且跟着老师做一遍，这样学习的效果肯定更好。更重要的是在沉淀实战经验的过程中，也能发展和其他参与者的友谊，连接资源，彼此破圈，增加势能，共同进步。

　　我们邀请的所有作者都放上了微信二维码。这样读者可以直接添加好友，我们希望突破传统出版物的单向输出的方式。欢迎大家向我反馈读完本书的心得，如果你对本书有营销方面的建议、团购方面的需求，也可以随时和我联系。

李海峰

2025年4月10日

独立投资人

畅销书出品人